岗位会计一点通

投融资管理与会计核算一点通

深入浅出　一点就通

最精确的准则剖析
最全面的案例演练
最实用的会计操作

董瑛◎编著

中国宇航出版社
·北京·

图书在版编目(CIP)数据

投融资管理与会计核算一点通 / 董瑛编著. -- 北京
: 中国宇航出版社，2013.1
(岗位会计一点通系列)
ISBN 978-7-5159-0385-9

Ⅰ. ①投… Ⅱ. ①董… Ⅲ. ①企业-投资-管理-基本知识②企业-投资-管理-基本知识③会计学-基本知识 Ⅳ. ①F275.1②F230

中国版本图书馆 CIP 数据核字(2013)第 024179 号

策划编辑　董　琳　　**封面设计**　上品设计
责任编辑　董　琳　李书梅　　**责任校对**　陈晓敏

出版发行　**中国宇航出版社**
社　址　北京市阜成路 8 号　　**邮　编**　100830
(010) 68768548
网　址　www.caphbook.com
经　销　新华书店
发行部　(010) 68371900　　(010) 88530478（传真）
(010) 68768541　　(010) 68767294（传真）
零售店　读者服务部　　北京宇航文苑
(010) 68371105　　(010) 62529336
承　印　三河市君旺印装厂
版　次　2013 年 3 月第 1 版　　2013 年 3 月第 1 次印刷
规　格　787×960　　**开　本**　1/16
印　张　14　　**字　数**　222 千字
书　号　ISBN 978-7-5159-0385-9
定　价　29.80 元

本书如有印装质量问题，可与发行部联系调换

前言 Preface

企业要生存与发展，就会涉及到投融资业务。在企业的日常经营中，也需要不断进行投融资决策以实现经营资金的流动性和收益性。所以说，投融资活动关系着企业的价值增值和长远目标的实现，在企业的生产经营中起着至关重要的作用。

投融资决策需要一定的科学评价方法和技术工具，通常其工作难度大，问题较为复杂。投融资会计岗位由于其处理对象的特殊性，在一个企业的会计工作和财务风险控制中，起着尤为重要的作用。

本书将投融资的相关理论和实务方面相结合，以专业的态度对投融资会计岗位应具备的知识和技能进行了细致深入的阐述。本书从投资及融资的基本概念和理论入手，按投融资的对象分别对融资方式的选择、各类融资业务(股权式融资、债务式融资、混合性融资)及会计处理方法、项目投资决策评价、各类投资业务(股权投资、金融资产投资、衍生金融工具投资)及会计处理方法——作了详细介绍，最后对投融资会计岗位职责、业务特点及相关内部控制进行了归纳总结。就投融资岗位会计工作而言，本书还会涉及到一些财务管理、风险及战略管理、审计及金融投资的知识，能让读者在“学术有专攻”的同时，建立起复合型的知识结构，在投融资领域涉猎更加广泛。

本书全方位答疑解惑，内容深入浅出，不乏专业性且形式生动活泼。书中配以大量的图表，可读性强，能帮助读者建立学习兴趣，快速理解记忆并融会贯通；书中还列举了大量的实务案例，在灌输会计理念的同时，能帮助会计人员在实务中随查随用，对投融资会计人员实务水平和业务能力的提升有很大的帮助。

在当今的市场经济中，市场环境瞬息万变，我们应该如何做好项目投资的评估和决策？在资金有限而投资项目较多的情况下，我们应如何选择才能使企业创造最大的价值？企业不足的资金应该如何进行筹集，才能既满足企业的需要又能将风险控制在一定的范围内？衍生金融工具如何进行会计处理？交易性金融资产可以重分类为可供出售金融资产吗？上市公司的股份支付在一定期间内如何进行账务处理？如何加强投融资业务的内部控制，提升管理水平？这些在实务中常常会遇到的问题，您都能够在本书中找到答案。

由于水平有限，本书中有些细节的讲解可能不尽完善，疏漏之处敬请读者批评指正。

作者

2013 年 1 月

目录 Contents

第一章　投融资概述

第一节　融资概述

企业融资是指企业为了满足其生产经营、对外投资、资本结构调整等需要，通过融资渠道和金融市场运用一定的融资方式，筹措和获取所需资金的一种行为。

资金是企业的血液，是企业设立、生存和发展的物质基础，是企业开展生产经营业务活动的基本前提。在现代市场经济竞争中，企业只有正确选择融资方式来筹集生产经营活动中所需要的资金，才能保障企业生产经营活动的正常运行和扩大再生产的需要，才可以调整资本结构和偿还债务。企业所处的内外环境不同，所选择的融资方式也存在差异。只有采取了适合自身发展的融资渠道和融资方式，企业才能确保自身的长期发展。

一、融资的重要意义

融资活动是企业一项重要的财务活动，融资管理是企业财务管理的一项基本内容。企业融资活动是资金运转的起点，是经营运转的前提。融资的主要作用如图 1－1 所示。

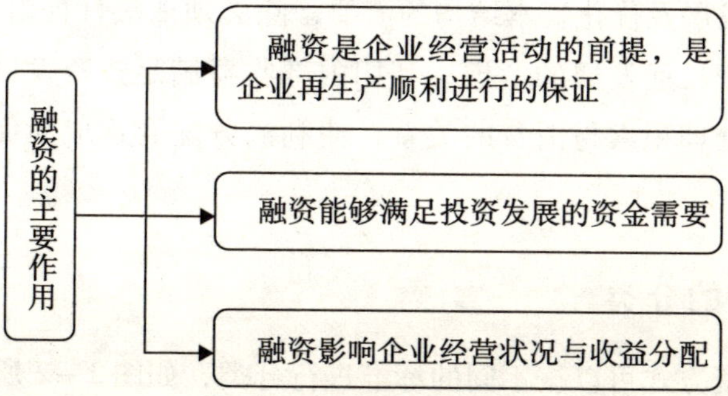

图 1－1　融资的主要作用

（一）融资是企业经营活动的前提，是企业再生产顺利进行的保证

企业融资能够为正常生产经营活动的顺利开展提供财务保障。筹集资金作为企业资金循环的起点，决定着企业资金运动的规模和生产经营发展的程度。企业成立之初，需按照战略规划所确定的生产经营规模预测对流动资金和长期资本的需求。在企业的日常生产经营中，需要维持一定数额的资金，以满足营业活动的波动需求。这些都需要筹集相应数额的资金，来满足企业的日常经营和扩大再生产。

（二）融资能够满足投资发展的资金需要

企业在成长时期，往往因扩大生产经营规模或对外投资而需要大量的资金。企业可以通过两种形式扩张生产经营规模，一种属于外延式的扩大再生产，包括新建厂房、增购设备等；另一种属于内涵式的扩大再生产，包括改进设备以提高生产能力，培训员工以提高生产效率。无论何种情况下，企业都会发生扩张性的融资需求。此外，企业由于战略发展和资本经营的需要，还会积极开展对外投资，如以联营投资、股权投资和债权投资等形式进行实体投资或金融投资。经营性扩张和对外投资，往往也会产生大额的资金需求。

（三）融资影响企业经营状况与收益分配

收益和分配是企业将一定时期内所创造的经营成果合理地在企业内外部各利益相关者之间进行有效分配的活动，是对企业自身财务关系的组织和调节。

收益分配涉及企业的投资者、经营者及职工等多方的利益，间接影响企业的经营，因此，企业必须统筹兼顾，并尽可能地保持收益分配的稳定。同时，由于自身发展及优化资本结构的需要，除必须依法计提留存和分配利润，企业仍可以处于长远发展的考虑，利用内部收益满足投资发展的需要。这就需要企业正确处理积累与消费的关系，使利润分配真正成为促进企业发展的有效手段。

二、融资的分类

企业的融资方式可以按不同的标准进行分类，如图 1－2 所示。

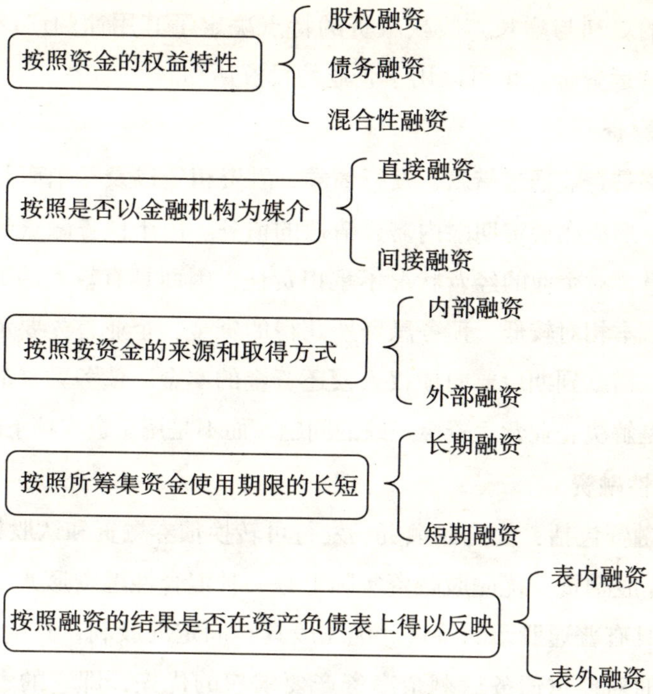

图 1－2　融资方式的分类

(一)按照资金的权益特性：股权融资、债务融资及混合性融资

1. 股权融资

股权融资是指通过增资的方式引进新的股东，取得依法能够长期拥有和自主调配资本的融资方式。股权资本在企业持续经营期间，投资者不得抽回，因而也称为企业的自有资本、主权资本或股东权益资本。股权资本是企业从事生产经营活动和偿还债务的本钱，是代表企业基本资信状况的一个主要指标。企业的股权资本通过吸收直接投资、发行股票、内部积累等方式取得。股权资本由于一般不用还本，形成了企业的永久性资本，因而财务风险较低，但付出的资本成本相对较高。

股权融资项目包括实收资本(股本)、资本公积、盈余公积和未分配利润等。其中，实收资本(股本)和资本(股本)溢价部分形成的资本公积是投资者的原始投入部分；盈余公积、未分配利润和部分资本公积是原始投入资本在企业持续经营中形成的经营积累。通常，盈余公积、未分配利润称为留存收益。股权融资所获得的资金，企业无须还本付息，但新股东将与老股东同样分享企业的赢利与增长。股权融资的特点决定了其用途的广泛性，既可以充实企业的营运资金，也可以用于企业的投资活动。

2. 债务融资

债务融资是企业通过借款、发行债券、融资租赁以及赊销商品或服务等方式取得的资金形成在规定期限内需要清偿的债务。由于债务融资到期要归还本金和支付利息，对企业的经营状况不承担责任，因而具有较大的财务风险，但付出的资本成本相对较低。债务融资所获得的资金，企业首先要承担资金的利息，另外，在借款到期后要向债权人偿还资金的本金。债务融资的特点决定了其用途主要是解决企业营运资金短缺的问题，而不是用于资本项下的开支。

3. 混合性融资

混合性融资包括：优先股融资、发行可转换债券融资和认股权证融资。

(1)优先股融资。优先股融资实际上是一种混合性融资形式，既具有债券的特点，又具有普通股票的特点。优先股具有固定的股利，其优先首先是指，在企业清算时对偿付债务后剩余净资产要求权的优先，即它的索赔权优先于普通股；其次是指，获取权利优先，即它的股利支付应先于普通股股利的支付。由此可见，优先股持有者对公司资产的要求权小于债权人，但大于普通股的持有人。

虽然优先股按照规定有固定股利，但实际上，公司对这种股利的支付却带有一定程度的随意性，并非必须支付的利息。企业若不支付债券利息，可能会面临破产的境地，但是不支付优先股股利，并不一定意味着公司不履行合同义务或丧失了偿付能力，可能由于公司其他决策所致。

(2)可转换债券。可转换债券是可转换公司债券的简称，又称可转债，它是一种可以在特定时间、按特定条件转换为普通股的特殊企业债券。正因为具有可转换性，可转换债券利率一般低于普通公司债券的利率，企业发行可转换债券可以降低融资成本。

从本质上讲，可转换债券是在发行公司债券的基础上附加了一份期权，并允许购买人在规定的时间范围内将其购买的债券转换成指定公司的股票，它兼具债权和股权的特征。与其他债券一样，可转换债券也有规定的利率和期限，投资者可以选择持有债券到期，收取本息。可转换债券在转换成股票之前是纯粹的债券，但在转换成股票之后，原债券持有人就由债券人变成了公司的股东，可参与企业的经营决策和红利分配，这也在一定程度上会影响公司的股本结构。

(3)认股权证。认股权证是授予持有人一项权利，在到期日前(也可能有其它附加条款)以行使价格购买公司发行的新股(或库存股)。认股权证融资是指在某一时间内以特定价格购买普通股的相对长期的期权。特定价格也称为执行价格，即普通股与认股权证相关或特定时期内购买看涨期权的价格。公司发行认股权证融资，其所涉及的认股权证是独立流通的和不可赎回的，因而对公司的影响也与发行可转换债券不同。

(二)按照是否以金融机构为媒介：直接融资和间接融资

1. 直接融资

直接融资是指企业不借助银行等金融机构，直接与资本所有者协商而融通资本的一种融资活动。直接融资主要有吸收直接投资、发行股票、发行债券和商业信用等融资方式。企业发行股票、债券属于直接融资行为。虽然按照法律的规定，公司股票和债券等有价证券的发行需要通过证券公司等法定中介机构进行，但证券公司所起到的只是承销的作用，资金拥有者并未向证券公司让渡资金使用权。直接融资既可以筹集股权性资金，也可以筹集债务性资金。

2. 间接融资

间接融资是指企业借助银行等金融机构融通资本的融资活动。在间接融资方式下，银行等金融机构作为中介，预先通过资金拥有者向其让渡资金的使用权集合资金，然后再将这些资金提供给企业。间接融资的基本方式是向银行借款，此外还有融资租赁等融资方式。间接融资形成的主要是债务性资金，用于满足企业对资金周转的需要。

(三)按资金的来源和取得方式：内部融资和外部融资

1. 内部融资

内部融资是指企业利用留存利润所形成的融资方式。内部融资金额的大小主要取决于企业可分配利润的多少及利润分配政策(股利政策)。内部融资对企业的资本形成具有原始性、自主性、低成本和抗风险的特点，是企业生存与发展不可或缺的重要组成部分。

2. 外部融资

外部融资是指企业向外部筹措资金而形成的融资方式。在企业的创业初期，内部融资的可能性十分有限；企业处于成长期时，内部融资往往难以满足需要。这就需要企业广泛地开展外部融资，这主要来自专业银行信贷资金、非金融机构资金、其他企业资金、民间资金和外资等。外部融资的优点是速度快、弹性大、资金量大；缺点是保密性差，成本和风险较高。

因此，企业融资时应首先利用内部融资，然后再考虑外部融资。

（四）按照所筹集资金使用期限的长短：长期融资和短期融资

1. 长期融资

长期融资是指筹集和管理可供企业长期(一般为一年以上)使用的资本。长期融资的资本主要用于企业生产经营能力的扩张与对外投资。长期融资通常采取吸收直接投资、发行股票、发行长期债券、取得长期借款、融资租赁等方式，筹集资金用于新产品、新项目的开发与推广，生产规模的扩大，设备的更新与改造等，因此，这类资本具有回收期较长、成本较高的特点，对企业的生产经营有较大影响。从资金权益性质来看，长期资金可以来源于股权融资，也可以来源于债务融资。

2. 短期融资

短期融资是指期限在一年以内的融资，短期融资一般是负债融资。短期资金主要用于企业的流动资产和日常资金周转，一般在短期内需要偿还。短期融资经常利用短期借款、短期融资券、商业信用等方式进行。

将资金来源与资金运用结合起来，合理进行期限搭配。用中长期资金来满足固定资产、无形资产、长期占用的流动资产的需要，用短期资金来满足临时波动的流动资金需要。

（五）按照融资的结果是否在资产负债表上得以反映：表内融资和表外融资

1. 表内融资

表内融资是指可能直接引起资产负债表中负债与股东权益发生变动的融资，如长期借款、发行长期债券等。

2. 表外融资

表外融资是指不会引起资产负债表中负债与股东权益发生变动的融资，如经营租赁等。

三、几种常见的融资方式及优缺点

（一）吸收直接投资

吸收直接投资是企业吸收国家、法人、个人和外商以货币、实物、无形资产等形式出资，形成企业资金的一种融资方式，它是企业筹集资本金的重要途径。对于非股份制企业来说，吸收直接投资形成的资本金包括吸收国家投资、吸收法人投资、吸收个人投资。

吸收直接投资可以根据企业的经营状况向投资者支付报酬，财务风险小，比较灵活。所筹集资金属于企业的自有资金，能够提高企业的信贷和借款能力，而且也能够直接获得所需要的技术和设备，尽快形成生产能力，开拓市场。

但采用吸收直接投资方式筹集资金，所需负担的资金成本较高，特别是企业经营状况较好和盈利较强时，更是如此。而且，采用吸收直接投资方式筹集资金，投资者一般都要求获得与投资数量相适应的经营管理权，因此，这样容易分散企业的控制权。

企业采用吸收投资者直接投资筹集资本金必须符合下列要求：

（1）采用吸收直接投资筹集资本金的企业，包括国有企业、集体企业、合资企业、有限责任公司等，股份有限公司不采用这种方式筹集资本金。

（2）有限责任公司的股东可以用货币出资，也可以用法律、行政法规允许的实物、知识产权、土地使用权等可以用货币估价并可以依法转让的非货币财产作价出资。全体股东的货币出资金额不得低于有限责任公司注册资本的30%。

（3）对作为出资的非货币财产应当评估作价，核实财产，不得高估或者低估作价。

（二）留存收益融资

留存收益融资是指企业将留存收益转化为投资的过程，将企业生产经营所实现的净收益留在企业，而不作为股利分配给股东，其实质为原股东对企业追加投资。留存收益融资方式包括提取盈余公积和未分配利润融资。

留存收益等于股东对企业进行的追加投资，股东对这部分投资与以前投入企业的股本一样，要求获得同普通股等价的报酬。这种方式的筹集资金成本较低，还保持了普通股股东的控制权不会稀释原有股东的控制权。但是，对于中小企业来说，这种融资方式的融资数额有限，如果企业亏损则不存在这一融资渠道，同时资金的使用也受到制约。

留存收益融资金额的大小取决于企业的可分配利润及股利政策。因为相对于外部融资而言，留存收益融资资金来源于企业内部，其手续简单，成本较低，所以，任何企业融资时都应先利用留存收益融资方式。

（三）发行普通股股票

股票是股份有限公司为筹集资本金而发行的有价证券，是持股人拥有股份有限公司股份的凭证。股票持有人为公司股东，拥有公司部分所有权，并以所持股份对公司承担有限责任。普通股是最基本的股票。

企业利用普通股筹集资金具有以下优点：

(1)不需要偿还本金。普通股筹集的资金是公司的股本，股本是企业存在的根本，企业在生产经营活动中长期使用。除非企业进行清算，否则不用偿还本金。

(2)没有固定的利息负担，财务风险低。普通股筹集的资金不需要事先确定固定的收益率，因此，不需要支付固定的股息。普通股股东参与利润分配，但这种分配是根据公司的获利水平和股利政策进行的，分配的股利由公司董事会或股东大会根据具体情况决定，不必像筹集负债资金那样需要支付固定利息。而财务风险是由于负债引起的，采用股票融资，可以减少负债，因此，可以降低企业的财务风险。

(3)能增强企业实力。普通股筹集的是企业永久占用的资金，是企业最稳定的资金来源，是负债的保证。股票融资越多，对债权人的保证越强，企业的实力也越强，越有利于提高企业的信誉。

企业利用普通股筹集资金具有以下缺点：

(1)资金成本较高。股票融资比债务融资的成本高，这是因为：① 对投资者来说，投资于普通股得不到固定的收益，而且，普通股除依法转让以外不能要求收回投资，当公司发生亏损或者破产清算时还要以投资额承担有限责任，投资风险很大。因此，投资者对普通股投资要求得到较高的收益率，这就增加了融资公司的资金成本。② 普通股股利由净利润支付，净利润需要先缴纳所得税，融资公司得不到抵减税款的好处。③ 普通股的发行手续复杂，发行费用一般比其他融资方式高。

(2)公司的控制权容易分散。普通股的投资者是公司的股东，股东越多，公司的控制权就越分散，越不利于股东控制公司。尤其是公司发行新股时，新股东不仅分享公司的控制权，而且还分享未发行新股以前所积累的盈余，这就会降低每股收益，从而引起公司的股价下跌。

（四）发行优先股股票

优先股股票是相对于普通股股票而言的有优先权的一种股票，其优先权主要表现在两个方面：① 优先股股东在分配股利时优先于普通股股东分配股利，而且经常是固定的股息。② 公司破产或解散清算时，优先股股东优先分配公司的剩余财产。

优先股融资方式有以下优点：

(1)发行优先股股票增加企业的所有者权益，可以增强企业的实力及负债的能力。

(2)发行优先股股票筹集的资金是企业的长期资金，没有还本的压力。

(3)优先股股票的股东一般没有投票权，不会分散企业的控制权。

(4)优先股股票的股利固定，在企业盈利能力较强时，可以为普通股股东创造更多的股利。

优先股融资方式有以下缺点：

(1)发行优先股股票融资的资金成本比负债资金的资金成本高。

(2)虽然优先股的股利较低，但当企业盈利能力不强时，固定的股利支付会给企业很大的压力。当企业无力支付股利时，企业的形象又会受到很大的影响。

（五）发行公司债券

1. 公司债券

企业发行债券筹集资金具有以下优点：

(1)资金成本较低。企业通过发行债券筹集的资金，其成本比较低，这是因为：① 债券融资的风险小，融资企业支付的利息少。② 债券利息在税前收益列支，企业可以得到抵减应纳税所得的利益。

(2)能获得财务杠杆利益。企业负债经营，债务利率是固定不变的，当资产净利润率提高时，债券利息不会增加，而所有者的利润会有更大的提高。债务对所有者收益的这种影响称为财务杠杆。

(3)保障所有者对企业的控制权。发行债券筹集的资金是企业的借入资金，债权人无权参与企业的经营管理，因此，债券融资不会影响所有者对企业的控制权。

企业发行债券筹集资金有以下缺点：

(1)财务风险较高。运用债券筹集资金，企业要按规定的时间偿还本金和支付固定的利息，而负债的增加会使企业的财务风险增加。较多地采用负债方式融资会加大企业的财务风险。

(2)限制条件较多。企业发行债券的限制条件要比其他债务融资方式的限制条件多，如我国公司法对此就有许多规定。另外，企业发行债券所筹集的资金必须用于审批机关批准的用途，不得用于弥补亏损和非生产性支出。前一次发行债券尚未募足的，对债务有违约或延迟支付本息呈持续状态的，不得再发行新债券。由于种种限制，从而约束了企业对债券融资方式的运用。

2. 可转换公司债券

首先，可转换债券通过出售看涨期权可降低融资成本。通常，可转换债券的利率或股息率较低且限制性条款不太苛刻，使公司在转股之前可以低廉成本筹集资金。也可以把可转换债券的发行看作是未来的股票发行或配股，它可以帮助公司避开当前不利的市场条件，而等其好转时用高于债券发行日股价的转换价格延续普通股融资，大部分的可转换债券都是没有抵押的债券。其次，可转换债券有利于未来资本结构的调整，由债券或优先股转换成普通股可降低财务杠杆，为今后进一步融资创造了条件。

但是，一个高速增长的公司在其普通股价格大幅上升的情况下，利用可转换债券融资的成本要高于普通股或优先股，因为持有者可以被低估的转换价格成为普通股股东，获取丰厚股利。而且，如果可转换债券持有人执行期权，将稀释每股收益和剩余控制权。此外，若公司经营业绩不佳，则大部分可转换债券不会转换为普通股，有助于公司渡过财务困境，将导致今后股权或债券融资成本增加。

（六）金融机构借款

1. 短期借款

短期借款是企业根据借款合同向银行和其他非银行金融机构借入的期限在一年以内的款项。短期借款按担保条件不同，区分为抵押借款、担保借款和信用借款。

短期借款往往带有一定的信用条件，主要包括信用额度、周转信用协议、补偿余额和抵押条件，等等。

短期借款方式筹集资金有以下优点：① 融资速度快。企业申请短期借款一般金额小，归还时间短，借款手续简便，融资速度较快。② 款项使用灵活。企业申请短期借款，具体问题可以与金融机构协商，所需款项可根据实际需要随借随还，灵活使用，以调剂企业资金的余缺。

2. 长期借款

长期借款方式筹集资金具有以下优点：① 融资速度快。办理长期借款的程序和手续要比发行股票和债券简便，所需时间较少，融资速度较快。② 资金成本较低。长期借款的利率一般低于债券利率，而且借款属于直接融资，融资费用也较少。与发行股票和债券相比，长期借款的资金成本比较低。③ 款项使用灵活。企业申请长期借款，有关事宜可通过谈判确定；用款过程中如有变化，借贷双方可以再协商。而发行债券或股票筹集资金时，企业面对社会广大投资者，融资条件和款项使用不具有长期借款的灵活性。

长期借款筹集资金有以下缺点：① 财务风险较高。长期借款也是筹集负债资金，而负债资金的增加会使利息增加，利息是影响财务风险的主要因素。长期借款会增加企业的财务风险。② 限制性条件较多。企业申请长期借款必须具备一定的条件，除此之外，金融机构通常还对借款企业提出一些有助于保证贷款按时足额偿还的条件，并要求写进借款合同，这就影响到企业对长期借款的使用。

（七）租赁

租赁是指在约定的期间内，出租人将资产使用权让与承租人，以获取租金的协议。企业租入资产意味着增加资产而不需要增加相应的投资，这与借款购买资产的效果是相同的。所以说，租赁也是企业筹集资金的一种形式。租赁分为经营租赁和融资租赁。

1. 经营租赁

经营租赁又称服务租赁，是指除融资租赁以外的其他租赁。通常情况下，在经营租赁中，租赁资产的所有权不转移，租赁期届满后，承租人有退租或续租的选择权，而不存在优惠购买选择权。经营租赁是一种短期租赁，企业通过经营租赁方式租入设备，目的在于获得其使用权，从理财的角度来看，也能起到筹集资金的作用。

一般来说，经营租赁具有以下特点：

(1) 租赁物一般为通用设备。

(2) 租赁期内出租方提供技术服务并负责维修，承租方可根据实际情况随时解除租赁合同。

(3) 租赁期较短，租赁物可反复租给不同的承租人使用。

(4) 租赁期满后，租赁物一般退还给出租人，不发生转让行为。

2. 融资租赁

融资租赁又称购物租赁，是指实质上转移了与资产所有权有关的全部风险和报酬的租赁。其所有权最终可能转移，也可能不转移。融资租赁是一种长期租赁，企业通过融资租赁方式租入设备，主要目的是融通资金并获得设备的使用权。采用这种方式租入设备等于出租公司为承租企业筹集了购买设备的价款，而承租企业只需要按规定交纳租金。

与经营租赁比较，融资租赁有以下特点：

(1) 租赁物的专用性较强，一般为专用设备。

(2) 租赁期内承租方将租赁物视同企业固定资产管理并计提折旧及负责维修保养，不得单方解除租赁合同。

(3) 租赁期较长，一般超过设备寿命周期的75%或接近其寿命周期。

(4) 当租赁期满后，出租公司一般将设备作价卖给承租企业。

租赁是企业筹集资金的一种特殊方式，与其他融资方式相比较，有以下优缺点：

(1) 及时获得所需设备的使用权。当企业资金短缺而又急需设备时，租赁比企业筹措资金后再购买设备的手续简便，能及时获得所需设备，以保证企业生产经营活动的持续进行。

(2)减少设备投资的风险。在科技迅速发展的条件下，设备投资的风险主要表现在因新设备的技术含量提高而使旧设备贬值或提前报废，而租赁则不必承担由于设备贬值而造成的损失，有利于企业及时选用技术先进的设备，从而加速技术进步和避免设备的投资风险。

(3)租赁费用较高。一般来说，租金除了包含设备的价款以外，还包括出租公司的成本、费用及利润，因此，租金较购买设备要高。

(八)商业信用

商业信用是商品交易中以延期付款或预收货款方式进行购销活动所发生的信用形式。早在简单商品生产条件下，商品交易中就已出现赊购赊销现象。在现代商品经济高度发达的条件下，商业信用得到了广泛的发展。从企业筹集资金的角度来说，商业信用的形式主要有以下几种。

1. 应付账款

应付账款是在商品交易中买方先取货后付款时发生的一种信用形式，由于购买商品还没有付款，相当于卖方将资金给买方无偿使用。应付账款是一种典型的商业信用，在买方未付货款以前意味着卖方为买方提供了贷款或筹集了资金。对卖方来说，这种信用形式能起到扩大商品销售的作用。

2. 应付票据

应付票据是在延期付款的商品交易中所采用的一种信用凭证。可用来为企业筹集资金的信用凭证主要是商业汇票。商业汇票是由收款人(卖方)或付款人(买方)签发，由付款人或其开户银行承兑的一种信用凭证。按承兑人不同，商业汇票又分为商业承兑汇票和银行承兑汇票。商业承兑汇票是由收款人签发，经付款人承兑，或由付款人签发并承兑的汇票；银行承兑汇票是由收款人或付款人签发，由付款人向开户银行申请承兑，并经银行审查同意承兑的汇票。商业汇票的承兑期限由交易双方商定，如属分期付款，应一次签发数张不同期限的汇票。

商业汇票是一种期票，对于买方来说，它是筹集短期资金的一种方式，对于卖方来说，可以起到如期结算、防止对方拖欠货款的作用。

3. 预收货款

预收货款是在商品交易中，卖方在交货之前向买方预先收取部分或全部货款所发生的一种信用形式。在卖方未交货以前，意味着买方为卖方提供了资金。

对于生产周期较长、售价较高的房地产、电梯等行业的企业，常采用向买方预收货款，取得一定的免费短期资金来源，这种方式对于卖方来说可以解决资金不足的矛盾，对于买方来说可以有计划地取得期货。

利用商业信用不但融资便利，而且成本低，限制条件少，但商业信用的期限一般较短，融资数量受到交易额限制。因为商业信用是企业在进行商品交易时自发形成的，这就要求企业在经济生活中扩大自身的信誉度和信用额度。

（九）票据贴现

票据贴现是企业急需资金时，将未到期的有价证券交付给银行，由银行按贴现率扣除贴现利息后取得资金的一种信用形式。银行开展贴现业务实际上是银行放款的一种形式，即通过贴现先把款项贷放给票据持有者（或被背书人），然后待票据到期时从票据付款者处收回贷款。当票据贴现时，银行扣除的贴现利息即为贷款利息。

票据贴现这种信用形式能把一定日期以后的现金收入转化为即日的现金收入，以缓解企业当前资金紧缺的矛盾。但是，企业必须付出一定的代价，即支付一定的贴现利息。票据贴现是一种短期筹集资金的方法。

四、影响企业融资方式选择的主要因素

根据企业融资理论及企业融资的现实，企业在选择融资方式时，主要考虑的因素如图 1－3 所示。

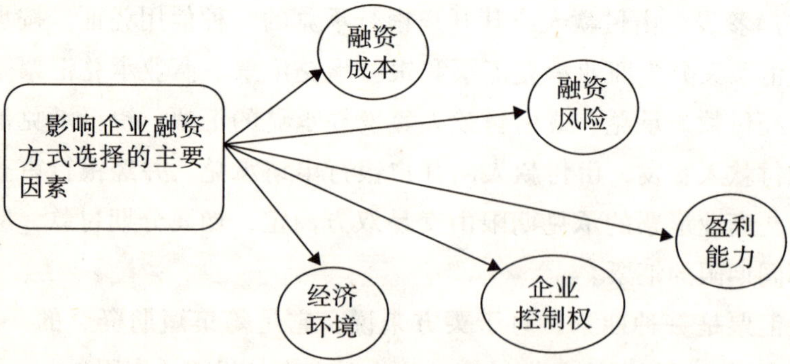

图 1－3 影响企业融资方式选择的主要因素

（一）融资成本

融资成本是指企业为筹集和使用资金而发生的代价。上市公司选择哪种

融资方式，首先考虑的因素就是融资成本的高低。融资成本越低，融资收益越好。在一个成熟的市场中，融资成本是决定各经济主体采取何种融资方式以及融资与否的首要因素。在不考虑税收的条件下，企业内部融资成本不涉及实际发生的成本费用，是一种机会成本，因而从融资理论来看，内部融资的成本是最低的。债务融资成本主要包括利息和融资费用。利息可以在税前抵扣，具有税盾和财务杠杆的作用，可以给公司带来融资收益。而股权融资的成本包括股息支付成本和股票发行成本。股息是在税后支付，股票的发行费用也相对较高，且由于股东承担的风险高于债权人，故其要求的投资报酬率要大于债权人。因此，从融资成本的角度看，企业内部融资的成本小于债务融资的成本小于股权融资的成本，这和梅耶斯的新优序融资理论是吻合的。

（二）融资风险

企业融资时必须高度重视融资风险的控制，尽可能选择风险较小的融资方式。内部融资由于不存在支付的问题，因此没有风险；股权性资本在公司存续期使用过程中不需要偿还本金，是一笔永不到期的可自由支配的资金，增强了公司的资本实力和举债能力，而且没有固定的股利负担，在经营困难时连股利也无须发放，因此，股权融资的风险要小得多；债务性资金有法律强制力约束，不论公司经营好坏，到期必须偿还固定的本金和利息，从而形成企业固定的负担，而且偿还期限越短，融资风险就越大，融资期限越长，融资风险就相对较小。当企业息税前利润下降时，每股收益在固定性财务费用的作用下会以更快的速度下降，因而给企业带来较大的风险。从融资风险的角度考虑，企业的融资顺序为内部融资、股权融资、债权融资。

（三）盈利能力

企业的总资产报酬率大于债务利息率时，负债越多，企业的净资产收益率就越高，对企业发展及所有者就越有利。因此，当企业处于盈利上升通道时，应增加债务融资，获得杠杆收益；而当企业盈利处于下行通道时，企业应减少债务融资，减少杠杆损失。

（四）企业控制权

企业在融资时，如果采用股权融资可能会稀释控制权，导致原有股东的利益遭受损失。而采用债务融资时，由于债权人无权参与公司的经营管理，不会影响股东对公司的控股权。因此，从控制权的角度考虑，企业应侧重债务融资。

（五）经济环境

经济环境是指企业进行财务活动时的宏观经济状况，在经济增速较快时期，企业可以加大债务性融资，获得杠杆收益；而在经济发展缓慢甚至经济危机时期，企业应减少债务性融资，加大股权性融资，降低风险。

五、融资管理的原则

企业融资管理的基本要求，是在严格遵守国家法律法规的基础上，分析影响融资的各种因素，权衡资金的性质、数量、成本和风险，合理选择融资方式，提高筹集效果。融资企业的管理原则如图 1 –4 所示。

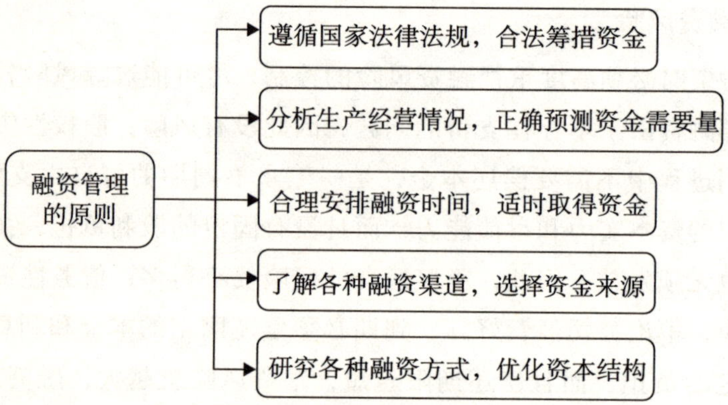

图 1 –4 融资管理的原则

（一）遵循国家法律法规，合法筹措资金

不论是直接融资还是间接融资，企业最终都通过融资行为向社会获取资金。企业的融资活动不仅为自身的生产经营提供资金来源，而且也会影响投资者的经济利益，影响社会经济秩序。企业的融资行为和融资活动必须遵循国家的相关法律法规，依法履行法律法规和投资合同约定的责任，合法合规融资，依法信息披露，维护各方的合法权益。

（二）分析生产经营情况，正确预测资金需要量

企业筹集资金，首先要合理预测资金的需要量。融资规模与资金需要量应当匹配一致，既避免因融资不足，影响生产经营的正常进行，又要防止融

资过多，造成资金闲置。

(三)合理安排融资时间，适时取得资金

企业筹集资金，还需要合理预测确定资金需要的时间。要根据资金需求的具体情况，合理安排资金的筹集时间，适时获取所需资金，使融资与用资在时间上相衔接，既避免过早筹集资金形成的资金投放前闲置，又防止取得资金的时间滞后，错过资金投放的最佳时间。

(四)了解各种融资渠道，选择资金来源

企业所筹集的资金都要付出资本成本的代价，不同的融资渠道和融资方式所取得的资金，其资本成本各有差异。企业应当在考虑融资难易程度的基础上，针对不同来源资金的成本进行分析，尽可能选择经济、可行的融资渠道与方式，力求降低融资成本。

(五)研究各种融资方式，优化资本结构

企业融资要综合考虑股权资金与债务资金的关系、长期资金与短期资金的关系、内部融资与外部融资的关系，合理安排资本结构，保持适当偿债能力，防范企业财务危机，提高融资效益。

第二节　投资概述

投资是指特定经济主体(包括国家、企业和个人)为了在未来可预见的时期内获得收益或使资金增值，在一定时期向一定领域的标的物投放足够数额的资金或实物等货币等价物的经济行为。从特定企业的角度看，投资就是企业为获取收益而向一定对象投放资金的经济行为。

投资管理是财务管理的主要内容之一。投资决策的好坏会给整个企业的财务状况造成一系列不可低估的影响。

一、投资的重要意义

企业融资的目的是为了投资，对各种资金进行最有效组合从而使企业获取最大的投资收益，是企业投资管理所追求的财务目标。因而，在市场经济条件下，企业能否把筹集到的资金投放到收益高、回收快、风险小的项目上去，对企业的生存和发展是十分重要的。投资的意义如图1-5所示。

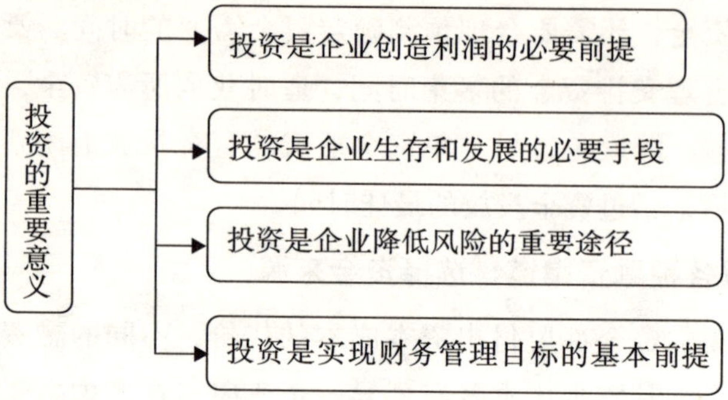

图1-5 投资的重要意义

(一)投资是企业创造利润的必要前提

利润是企业从事生产经营活动取得的财务成果。企业要获得利润，必须将筹集的资金投入使用。将资金直接用于企业的生产经营中，或将资金以股权、债权的方式投资其他企业以获取报酬。可见，要获取利润就必须进行投资。

(二)投资是企业生存和发展的必要手段

投资对企业而言，不仅是维持简单再生产的基础，也是扩大再生产的必要条件。企业从事正常的生产经营活动时，各项生产要素不断更新。为了保证生产的持续进行，就要求企业不断地将现金形式的资金投入使用，这是企业生存的基本条件。同样，当企业要扩大生产规模时，也需要通过进一步投资来更新机器设备、改进工艺流程、提高技术等；另外，为了保证正常生产，还需要追加营运资金。企业只有通过一系列成功的投资活动，才能增强企业实力，推动企业不断发展壮大。

(三)投资是企业降低风险的重要途径

在市场经济条件下，企业的生产经营活动不可避免地存在风险，其基本原因在于商品销售数量的不确定性，而影响销售数量的因素较多，如商品的质量、市场对商品的需求、企业的销售策略和服务水平、企业的成本费用等。企业如把资金投向生产经营的关键环节或薄弱环节，可以使企业各种生产经营能力配套、平衡，形成更大的综合生产能力；企业如把资金投向多个行业，实行多元化经营，则能增加企业销售和获利的稳定性，这些都可以降低企业的经营风险。

（四）投资是实现财务管理目标的基本前提

企业财务管理的目标是不断地创造企业价值，为此，就要采取各种措施增加利润，降低风险。从创造价值的角度来看，一个企业之所以具有一定的市场价值，吸引投资者进行投资，主要在于企业能够通过投资活动选择购买所需要的生产要素，并将这些生产要素有效地结合起来，充分发挥效益，不断地创造出新的、更高的企业价值。企业创造的现金流量越多越稳，企业价值就越大，而企业创造价值的能力，主要通过投资活动来实现。

二、投资的分类

投资是一项很复杂的经济活动，为了加强管理和提高投资收益，有必要对投资进行科学的分类。根据管理的需要，企业投资可按不同的标准分为不同的种类。投资的具体分类如图 1－6 所示。

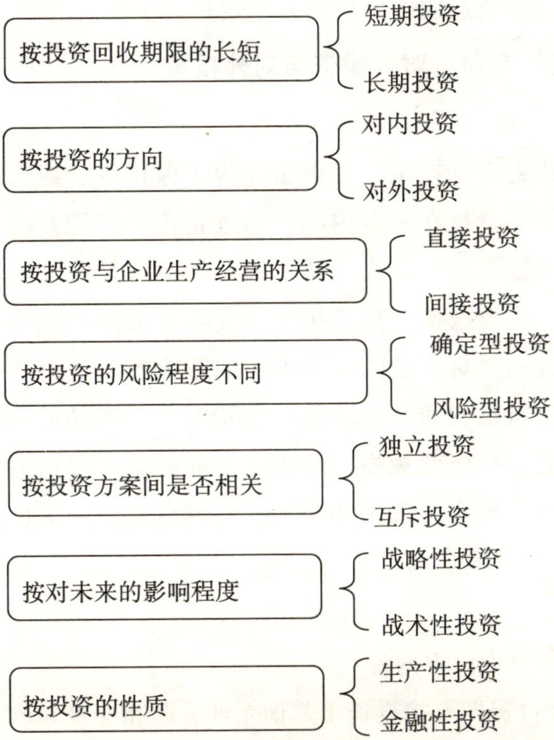

图 1－6　投资的分类

(一)按投资回收期限的长短：短期投资与长期投资

1. 短期投资

短期投资又称为流动资产投资，是指在一年内可收回的投资，主要包括现金、应收款项、存货以及准备在短期内变现的有价证券。短期投资是指企业为保证日常生产经营活动正常进行而进行的投资，具有时间短、变现能力强、流动性大等特点。

2. 长期投资

长期投资是指一年以上才能收回的投资，主要包括机器、设备、厂房等固定资产的投资，也包括准备长期持有的有价证券投资以及对无形资产的投资。由于固定资产投资在长期投资中所占比重最大，因此，长期投资有时专指固定资产投资。企业的长期投资，尤其是固定资产投资，对企业的长期发展和长期盈利能力起着非常重要的影响。由于这类投资耗资巨大，回收期长，且难以实现，因而，未来的影响因素多，风险大。一旦投资决策失误，改变决策或消除不良决策所造成的后果的成本较高。

(二)按投资的方向：对内投资与对外投资

1. 对内投资

对内投资又称为内部投资，是指企业为了保证生产经营活动的正常进行和规模的扩大，把资金投在企业内部，购置企业生产经营所需要的各种资产的投资活动。对内投资又可分为维持性投资和扩张性投资两大类。前者如设备的更新和大修，这类投资一般不扩大企业现有的生产规模，也不改变企业现有的生产经营方向，对企业的前途不产生重大影响。后者是企业为了今后的生存和发展而进行的投资，如增加固定资产、新产品的研制开发等，这类投资或扩大企业的生产经营规模，或改变企业的生产经营方向，对企业会产生较大的影响。这类投资一般数额较大，周期较长，风险也较高，因而决策时应审慎行事。

2. 对外投资

对外证券投资分为以下两种：

(1)对外直接投资即直接投资于其他企业，是指企业以现金、实物或无形资产等出资形式直接投资于其他经济实体，并参与其经营活动的投资行为，属于直接投资。若接受投资的企业效益好，出资者就可多分得一些利润，反之，效益差，出资者就要少分利润，甚至蒙受亏损。

(2)对外证券投资是指企业以购买股票、债券等有价证券方式向其他企业以期获取收益或其他长远权利的投资行为，属于间接投资。对外证券投资又可分为股票投资和债券投资两种形式。

(三)按投资与企业生产经营的关系：直接投资与间接投资

1. 直接投资

直接投资是指把资金直接投资于生产经营性资产，以便获得收益的投资。例如，购置设备、兴建工厂、开办商店等。直接投资决策要事先制定一个或几个备选方案，通过对这些方案的分析和评价，从中选择最优的行动方案。在非金融企业中，直接投资比重很大。

2. 间接投资

间接投资是把资金投资于证券等金融资产，以获取投资收益和资本利息的投资。例如，购买政府公债、企业债券。随着我国金融市场的完善和多渠道融资的形成，企业间接投资将越来越广泛。

(四)按投资的风险程度不同：确定型投资和风险型投资

1. 确定型投资

确定型投资是指未来情况可以较为准确地预测的投资。由于风险小，未来收益较为确定，因而，企业在进行此类投资决策时，可以不考虑风险问题。

2. 风险型投资

风险型投资是指未来情况不确定，难以准确预测的投资。由于风险大，未来收益不确定，企业在进行此类决策时，应充分考虑到投资的风险问题，采用科学的分析方法，以作出正确的投资决策。企业的大多数战略性投资均属于风险投资。

(五)按投资方案间是否相关：独立投资和互斥投资

1. 独立投资

独立投资是指在彼此相互独立的若干个投资方案或项目间选择进行的投资。在这种情况下，项目间不能相互取代，并且某一投资项目的收益和成本不会因其他项目的采纳与否而受到影响。对独立投资而言，若无资金总量的限制，只需评价其经济上是否可行(如内含报酬率是否大于基准收益率或资本成本率)，便于决定取舍，项目可全部或部分入选。若一定时期内资金总量不足，则存在何者优先安排，何者稍后安排，但不影响各项目的最后采纳。

2. 互斥投资

互斥投资又称为互不相容投资，是各投资项目间有取必有舍，相互排斥，不能同时并存的投资。这类投资决策必须将所有投资方案逐个进行分析评价，并加以比较，才能作出科学的判断和选择。对互斥投资项目而言，即使每个投资项目本身从经济上评价都可行，也不能同时入选，而只能取较优者。

(六)按对未来的影响程度：战略性投资和战术性投资

1. 战略性投资

战略性投资是指对企业全局及未来有重大影响的投资。例如，对新产品投资、转产投资、建立分公司等。战略性投资具有规模大、周期长、基于企业发展的长期目标、分阶段等特征，它影响着企业的前途和命运的投资。

2. 战术性投资

战术性投资是指不影响企业全局和前途的投资。例如，更新设备、改善工作环境、提高生产效率等的投资。

(七)按投资的性质：生产性投资和金融性资产投资

1. 生产性投资

生产性投资包括以下几种：与企业开业有关的创造性投资，如建造厂房、购置机器设备、采购原材料等；与维持企业现有经营有关的重置性投资，如更新已老化或损坏的设备进行的投资；与降低企业成本有关的重置性投资，如购置高效率设备替代低效率设备；与现有产品和市场有关的追加性投资；与新产品和新市场有关的扩充性投资。

2. 金融性投资

金融性资产投资又称为证券投资，包括政府债券、企业债券、金融债券、股票等投资。

另外，在实际经济活动中，投资还可以根据不同的标准分为许多不同的种类。例如，按照投资者的权益不同，可分为股权投资与债权投资；按照投资目的不同，可分为增加收益的投资与扩大股权的投资；投资按投资主体的不同，分为个人投资、企业投资、政府投资和外商投资；也可按投资的效果分为有效投资和无效投资等。

三、常见的投资方式及优缺点

（一）流动资产投资

1. 流动资产投资

流动资产是指预计在一个正常营业周期中变现、出售或耗用，或主要为交易目的而持有，预计在资产负债表日起一年内（含一年）变现，或自资产负债表日起一年内交换其他资产或清偿负债的能力不受限制的现金或现金等价物等资产。流动资产包括货币资金、应收及预付款项、交易性金融资产、存货等。

2. 流动资产投资管理的主要任务

（1）准确分析流动资产的占用量，保证生产对流动资产的需要。

（2）在保证需要的前提下，力争尽量减少流动资产的投资数额。

（3）加速流动资产周转速度，提高流动资产的管理水平。

（4）增加企业短期融资能力，提高企业的获利能力。

（二）有价证券投资

企业在金融市场上购买有价证券是企业对外投资的主要形式，根据购买有价证券的种类，可以分为股票投资和债券投资。在证券市场中，购买股份公司发行在外的股票，这种投资称为股票投资；在证券市场中，购买债务单位发行在外的债券，这种投资称为债券投资。

1. 股票投资

股票投资的缺点为风险大，但是又具有以下优点：

（1）投资收益高。虽然普通股票的价格变动频繁，但优质股票的价格总是呈上涨趋势。随着股份公司的发展，股东获得的股利也会不断增加。只要投资决策正确，股票投资收益是比较高的。

（2）能降低购买力的损失。普通股票的股利是不固定的，随着股份公司收益的增长而提高。在通货膨胀时期，股份公司的收益增长率一般仍大于通货膨胀率，股东获得的股利可全部或部分抵消通货膨胀带来的购买力损失。

(3)流动性很强。上市股票的流动性很强，投资者有闲散资金可随时买入，需要资金时又可随时卖出。这既有利于增强资产的流动性，又有利于提高其收益水平。

(4)能达到控制公司的目的。投资者是股份公司的股东，有权参与或监督公司的生产经营活动。当投资者的投资额达到公司股本的一定比例时，就能实现控制公司的目的。

2. 债券投资

对投资债券来说，债券投资具有以下优点：

(1)投资收益比较稳定。债券收益主要包括利息和买卖差价两部分。由于债券票面一般标有固定利率，而发行单位又有按规定支付利息的法定义务，所以，利息收入是稳定的；同样，由于债券的未来利息比较稳定，所以，债券的转让价格及买卖价差也比较稳定。

(2)投资安全性好。政府债券由国家财力作后盾，通常称为无风险债券；公司债券优先于股票求偿，保证了债券投资的安全性。

债券投资的缺点表现在：购买债券不能达到参与和控制发行企业经营管理活动的目的。

(三)固定资产投资

固定资产是企业生产经营的基础，与流动资产投资相比，固定资产投资主要有以下特点：

(1)单项资产投资的数额大。固定资产主要是形成企业的生产能力，设备及建筑物单项价值较高，相对于流动资产来讲，投资固定资产需求的资金多。

(2)回收时间长。固定资产是在一段时间内发挥作用，为了保证企业利润的稳定性，会计上都采用计提折旧的方式来收回固定资产投资，收回投资就需要较长的时间，而流动资产是在一个营业周期内收回投资。

(3)对企业影响长远。由于固定资产有投资数额大、回收时间长的特点，如果出现投资决策的失误，在很长时间内都会给企业产生不利影响。

从固定资产投资的特点看，固定资产投资管理需要更加谨慎，必须采取科学的方法进行决策。

四、影响企业投资方式选择的主要因素

（一）投资的流动性、风险及收益的匹配

流动性是指企业随时满足当时现金需要的能力。风险性是指企业经营中由于各种不确定因素导致经营损失的可能性。盈利性是指企业获得利润的能力。从根本上说，三者是相辅相成、密不可分的，它们之间的统一性表现在以下两个方面：首先，较强的流动性是提高盈利性的条件和降低风险的保证。其次，盈利能力的高低决定着企业流动性的强弱和抵御风险的能力。但同时它们之间的矛盾也是客观存在的：过分追求流动性，会使企业的盈利能力下降；过分强调降低风险，又会削弱盈利性。所以，企业在选择投资方式时，应综合衡量流动性、投资风险及收益间的关系，如图1－7所示。

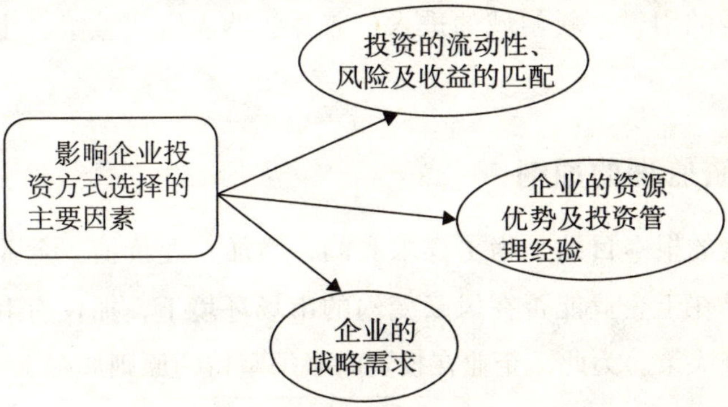

图1－7　影响企业投资方式选择的主要因素

（二）企业的资源优势及投资管理经验

企业确定投资的方向虽然是宽广的，但也不是无限的。对于多种多样的市场需求，特定的企业不可能都具备提供供给的能力。就投资方向而言，企业虽然既可以在本行业内选择，也可以跨行业选择，但因受自身条件的限制和风险的制约，首先还要考虑自身所处的行业领域，因为企业在该领域具有较好的资源优势与投资管理经验。立足于现有生产领域选择投资方向，可以使企业现有资源得到更充分的利用，大大减少投资耗费，投资后的生产组织活动也容易顺利实施。

反之，不考虑企业现实，一味好高骛远，进行与企业现有生产经营活动

和所处的行业领域缺乏相关性，或投资经验不足的投资，则往往不能利用企业资产存量，缺乏必要的生产技术与管理经验，一次性投入过多等原因，而大大增加投资消耗，最终导致投资效益不佳。

当然，这并不是说企业在任何时候都不应该进行大幅度转变生产内容的跨行业投资。在某些情况下，跨行业投资是必要的，但必须考虑与企业现有资源条件与管理经验的联系。

(三)企业的战略需求

企业进行投资时，必须符合自身战略规划的需要，即进行合理有效的战略性投资。战略性投资对企业未来产生长期影响，对企业全局发展具有重大意义。企业战略性投资直接关系着企业竞争地位、经营成败及中长期战略目标的实现。典型意义的企业战略性投资项目包括：新产品的开发、新的生产技术或生产线的引进、新领域的进入、兼并收购、资产重组、生产与营销能力的扩大等。

五、投资管理的原则

企业投资的根本目的是为了谋求利润，增加企业价值。企业能否实现这一目的，关键在于企业能否在风云变幻的市场环境下，抓住有利的时机，作出合理的投资决策。为此，企业在投资时必须坚持的原则如图 1－8 所示。

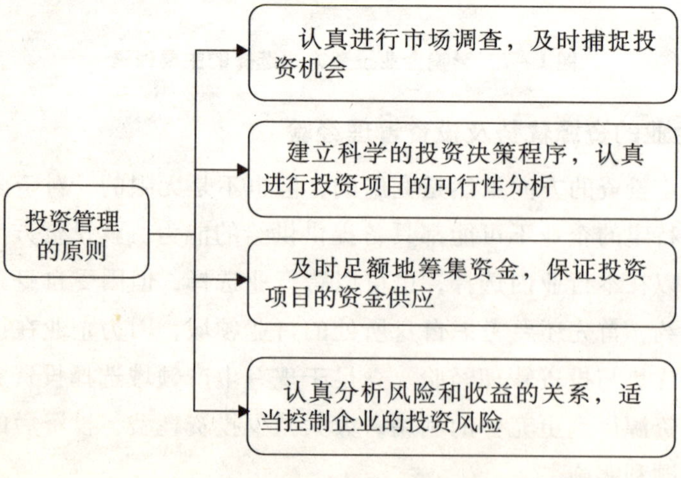

图 1－8　投资管理的原则

(一)认真进行市场调查，及时捕捉投资机会

捕捉投资机会是企业投资活动的起点，也是企业投资决策的关键。在商品经济条件下，投资机会不是固定不变的，而是不断变化的，它要受到诸多因素的影响，最主要的是受到市场需求变化的影响。企业在投资之前，必须认真进行市场调查和市场分析，寻找最有利的投资机会。市场是不断变化、发展的，对于市场和投资机会的关系，也应从动态的角度加以把握。正是由于市场不断变化和发展，才有可能产生新的投资机会。随着市场经济不断发展，人民收入水平不断提高，人们对消费的需求也发生很大变化，无数的投资机会正是在这种变化中产生的。

(二)建立科学的投资决策程序，认真进行投资项目的可行性分析

在市场经济条件下，企业的投资决策都会面临一定的风险。为了保证投资决策的正确有效，必须按科学的投资决策程序，认真进行投资项目的可行性分析。

投资项目可行性分析的主要任务是对投资项目技术上的可行性和经济上的有效性进行论证，运用各种方法计算出有关指标，以便合理确定不同项目的优劣。财务部门是对企业的资金进行规划和控制的部门，财务人员必须参与投资项目的可行性分析。

(三)及时足额地筹集资金，保证投资项目的资金供应

企业的投资项目，特别是大型投资项目，建设工期长，所需资金多，一旦开工，就必须有足够的资金供应。否则，就会使工程建设中途下马，出现“半截子工程”，造成很大的损失。因此，在投资项目上马之前，必须科学预测投资所需资金的数量和时间，采用适当的方法，筹措资金，保证投资项目顺利完成，尽快产生投资效益。

(四)认真分析风险和收益的关系，适当控制企业的投资风险

收益和风险是共存的。一般而言，收益越大，风险也越大，收益的增加是以风险的增大为代价的，而风险的增加将会引起企业价值的下降，不利于财务目标的实现。企业在进行投资时，必须在考虑收益的同时认真考虑风险情况，只有在收益和风险达到均衡时，才有可能不断增加企业价值，实现财务管理的目标。

第三节 投融资会计的岗位职责与特点

一、投融资会计人员应遵守职业道德规范

《会计基础工作规范》专门对会计人员的职业道德问题作出了六方面的规定，如图1－9所示。

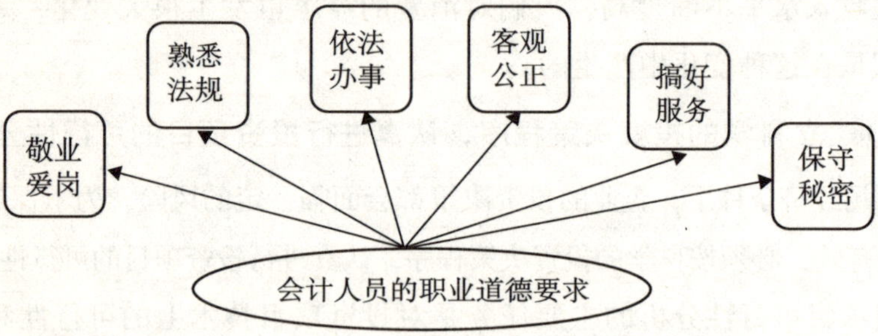

图1－9 会计人员的职业道德要求

(1)敬业爱岗。即会计人员应当热爱本职工作，努力钻研业务，使自己的知识和技能适应所从事工作的要求。

(2)熟悉法规。即会计人员应当熟悉财经法律、法规和国家统一会计制度，并结合会计工作进行广泛宣传。

(3)依法办事。即会计人员应当按照会计法律、法规、规章规定的程序和要求进行会计工作，保证所提供的会计信息合法、真实、准确、及时、完整。

(4)客观公正。即会计人员办理会计事务应当实事求是、客观公正。

(5)搞好服务。即会计人员应当熟悉本单位的生产经营和业务管理情况，运用掌握的会计信息和会计方法，为改善单位内部管理、提高经济效益服务。

(6)保守秘密。即会计人员应当保守本单位的商业秘密，除法律规定和单位领导人同意外，不能私自向外界提供或者泄露单位的会计信息。

《会计基础工作规范》同时要求，财政部门、业务主管部门和各单位应当定期检查会计人员遵守职业道德的情况，并作为会计人员晋升、晋级、聘任专业职务、表彰奖励的重要考核依据；会计人员违反职业道德的，由所在单

位进行处罚；情节严重的，由会计证发证机关吊销其会计证。

二、投融资会计岗位职责

根据《中华人民共和国会计法》、《企业会计制度》、《会计基础工作规范》及其他相关规定，可以将会计工作的主要职责概括为以下方面：

(1)按照国家会计制度的规定，记账、复账、报账做到手续完备，数字准确，账目清楚，按期报账。

(2)按照经济核算原则，定期检查，分析公司财务、成本和利润的执行情况，挖掘增收节支潜力，考核资金使用效果，当好公司参谋。

(3)妥善保管会计凭证、会计账簿、会计报表和其他会计资料。

(4)编制和执行预算、财务收支计划、信贷计划，拟订资金筹措和使用方案，开辟财源，有效地使用资金。

具体说来，投融资会计岗位的职责包括但不限于以下方面：

(1)负责企业所有融资项目的成本预算，组织协调实施融资预算，设计融资方案。

(2)负责分析市场和项目融资风险，对企业短期及长期的资金需求进行预测，及时出具分析报告，提出相应的应对措施，制定并实施相应的融资解决方案。

(3)积极开拓金融市场，与国内外目标融资机构沟通，建立多元化的企业融资渠道，与各金融机构建立和保持良好的合作关系。

(4)通过对企业资产和负债进行全面分析，针对不同银行的特点设计融资项目和方式。

(5)执行融资决策，实现企业融资的流动性，为资金平衡奠定基础。

(6)进行资金分析和调配，监督各项资金的运营，优化资金结构，提高资金使用效率。

(7)负责分析市场和项目融资风险，对企业短期及长期的资金需求进行预测，按时编写融资分析报告并提出相应的应对措施。

(8)进行市场调研，配合融资主管编制相关的融资预算方案和融资解决方案。

(9)根据融资工作进程及融资主管的工作安排，与融资机构商谈，确立最佳融资方案及融资条件，最终达成初步的融资协议。

(10)配合资金主管合理进行资金分析和调配，优化资金结构并合理使用，确保资金安全。

(11)组织做好行业研究及投资市场调研等前期工作，收集有关投资市场信息的资料。

(12)负责对调研资料进行汇总、分析，编制投资市场调查报告，提出投资方向建议。

(13)进行投资可行性研究，编制投资可行性报告，为管理层的投资决策提供依据。

(14)根据财务分析及领导指示，制订投资工作计划和工作方案，经领导审批后执行。

(15)根据投资工作计划及方案，寻找、设计投资项目，组织做好对投资项目的调查和可行性分析研究等前期准备工作。

(16)负责投资项目效果评估，拟订项目效果评估报告，提交企业决策层参考。

(17)建立投资项目档案管理系统，保管好与投资有关的各种资料。

(18)根据企业投资方向和投资主管的工作安排完成市场调查，搜集有关市场信息资料并进行分析研究，编制市场调查报告，供领导参考。

(19)根据投资主管安排，负责相关投资项目的调查和可行性分析研究，为投资项目准备推荐性文件，并拟订项目实施计划和行动方案，供企业领导参考。

(20)参与投资项目谈判，建立并保持与合作伙伴、主管部门和潜在客户的良好关系。

(21)监控和分析投资项目的运营过程，并及时提出业务拓展和管理改进的建议。

(22)协助投资主管进行投资项目后期的结果评估，拟订项目结果评估报告。

(23)对投资项目的资料、决议、方案、报告等资料进行整理、归档并保管。

三、投融资业务和投融资会计工作的特点

（一）投融资业务的特点

融资业务主要由借款交易和股东权益交易组成，投资业务主要由权益性投资交易和债权性投资交易组成。投融资业务主要涉及资金的筹措和使用，其业务主要有以下特点：

(1)投融资业务通常在一个会计年度内业务量很小，尤其是举借长期债务、所有者权益和长期投资等业务发生的次数很少，但是，日常的金融产品交易（若存在）等业务可能发生的较为频繁。

(2)单笔业务的金额通常都较大，遗漏或不恰当地进行会计处理，将会导致重大错误，从而对会计报表的公允性产生较大的影响。

(3)投融资业务的发生受到国家大量的法律、法规和相关契约规定的限制。

（二）投融资会计工作的特点

总体说来，投融资会计不仅应做好基础的会计记录、复核和报告等工作，还应具有丰富的投融资管理知识和经验。在了解企业投融资业务流程和工作目标的基础上，做好投资与融资的匹配工作，并掌握投融资方案评估的技术和方法，严格执行投融资的风险监控。

第二章　资本成本与融资工具选择

第一节　资本成本

资本成本是衡量资本结构优化程度的标准，也是对投资获得经济效益的最低要求。在投资决策中，资本成本有重要作用 ，通常作为计算净现值指标的折现率、计算内部收益率指标的基准收益率。

一、资本成本的含义

资本成本是企业为筹集和使用资金所付出的代价，同时也表现为投资者让渡资金使用权所要求的回报，其具体又包括资金筹措过程中所花费的各项费用(发行费、评估费等)和资金的占用费(股利、利息等)。

二、资本成本的作用

在融资决策中，资本成本是选择资本来源、比较融资方案、确定融资规模的重要依据，资本成本也是企业确定最佳资本结构时需要重点考虑的因素。资本成本的作用如图 2－1 所示。

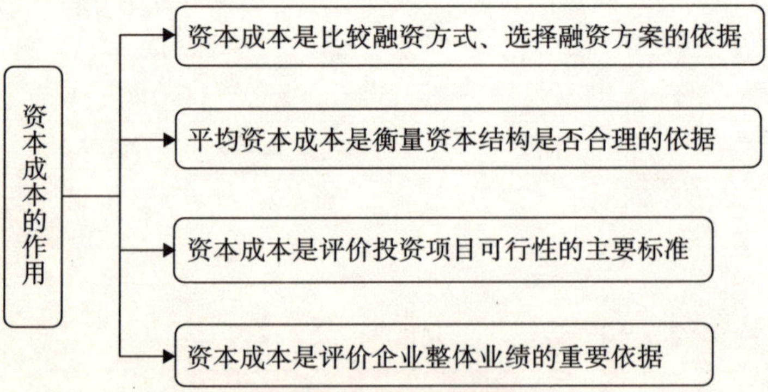

图 2－1　资本成本的作用

1. 资本成本是比较融资方式、选择融资方案的依据

各种资本的资本成本率，是比较、评价各种融资方式的依据。在评价各种融资方式时，一般会考虑的因素包括对企业控制权的影响、对投资者吸引力的大小、融资的难易和风险、资本成本的高低等，而资本成本是其中的重要因素。在其他条件相同时，企业融资应选择资本成本最低的方式。

2. 平均资本成本是衡量资本结构是否合理的依据

企业财务管理目标是企业价值最大化，企业价值是企业资产带来的未来经济利益的现值。计算现值时采用的贴现率通常会选择企业的平均资本成本，当平均资本成本率最小时，企业价值最大，此时的资本结构是企业理想的最佳资本结构。

3. 资本成本是评价投资项目可行性的主要标准

资本成本是企业对投入资本所要求的报酬率，即最低必要报酬率。任何投资项目，如果它预期的投资报酬率超过该项目使用资金的资本成本率，则该项目在经济上就是可行的。因此，资本成本率是企业用以确定项目要求达到的投资报酬率的最低标准。

4. 资本成本是评价企业整体业绩的重要依据

一定时期企业资本成本率的高低，不仅反映企业融资管理的水平，还可作为评价企业整体经营业绩的标准。企业的生产经营活动，实际上就是所筹集的资本经过投放后形成的资产营运，企业的总资产报酬率应高于其平均资本成本率，才能带来剩余收益。

三、影响资本成本的因素

影响资本成本的因素如图 2 – 2 所示。

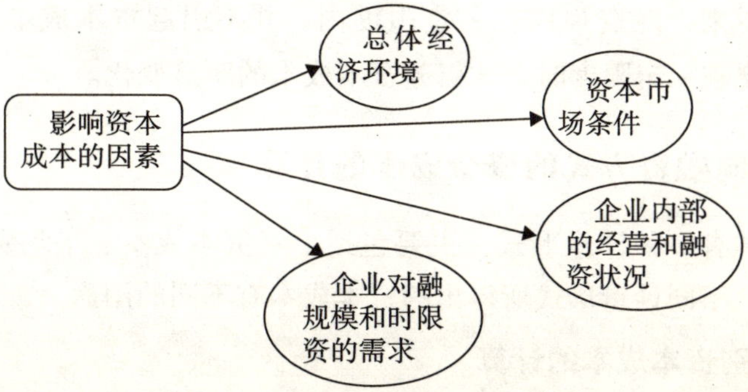

图 2 – 2　影响资本成本的因素

1. 总体经济环境

总体经济环境和状态决定企业所处的国民经济发展状况和水平，以及预期的通货膨胀。总体经济环境变化的影响，反映在无风险报酬率上，如果国民经济保持健康、稳定、持续增长，整个社会经济的资金供给和需求相对均衡且通货膨胀水平低，资金所有者投资的风险小，预期报酬率低，融资的资本成本相应就比较低。相反，如果国民经济不景气或者经济过热，通货膨胀持续居高不下，投资者投资风险大，预期报酬率高，融资的资本成本就高。

2. 资本市场条件

资本市场效率表现为资本市场上的资本商品的市场流动性。资本商品的流动性高，表现为容易变现且变现时价格波动较小。如果资本市场缺乏效率，证券的市场流动性低，投资者投资风险大，要求的预期报酬率高，那么，通过资本市场筹集的资本其资本成本就比较高。

3. 企业内部的经营和融资状况

企业内部经营风险是企业投资决策的结果，表现为资产报酬率的不确定性；企业融资状况导致的财务风险是企业融资决策的结果，表现为股东权益资本报酬率的不确定性。两者共同构成企业总体风险，如果企业经营风险高，财务风险大，则企业总体风险水平高，投资者要求的预期报酬率高，企业融资的资本成本相应就大。

4. 企业对融资规模和时限的需求

在一定时期内，国民经济体系中资金供给总量是一定的，资本是一种稀缺资源。因此，企业一次性需要筹集的资金规模越大、占用资金时间越长，资本成本就越高。当然，融资规模、时间与资本成本的正向相关性并非线性关系，一般说来，融资规模在一定限度内，并不引起资本成本的明显变化，当融资规模突破一定限度时，才引起资本成本的明显变化。

四、不同融资方式的资金成本的计算

资本成本有多种计量形式，主要包括个别资本成本、平均资本成本和边际资本成本。不同计量形式所得出的资本成本有不同的用途。

（一）个别资本成本的计算

个别资本成本是指单一融资方式的资本成本，包括长期借款资本成本、公司债券资本成本、普通股资本成本和留存收益成本等，其中，前两类是债务资本成本，后两类是权益资本成本。个别资本成本率可用于比较和评价各种融资方式。各种单一融资方式的资本成本如下。

1. 长期借款资本成本的计算

长期借款的成本是指借款利息和融资费。由于借款利息计入税前成本费用，可以起到抵税的作用。

(1)不考虑货币时间价值时的长期借款资金成本计算模型。不考虑货币时间价值的长期借款资金成本计算公式为：

K_L = [年利率 ×(1 - 所得税税率)/(1 - 融资费用率)] ×100%

即：$K_L = [i \times (1 - T)/(1 - f)] \times 100\%$

其中：K_L为长期借款资本成本率；i 为长期借款年利率；f 为融资费用率；T 为所得税税率。

(2)考虑货币时间价值时的长期借款资金成本计算模型。对于长期借款，考虑时间价值问题，还可以用折现模式计算资本成本率。

$$L(1 - f) = I_1/(1 + K) + I_2/(1 + K)^2 + \cdots + I_n/(1 + K)^n + P/(1 + K)^n$$

其中：L 为借款本金；K 为税前长期借款资本成本；P 为第 n 年末应偿还的本金。

【例 2 -1】某企业取得 5 年期长期借款 100 万元，年利率 10%，每年付息一次，到期一次还本，借款费用率 0.2%，企业所得税税率 20%，该项借款的资本成本率为：

$$K_L = 10\% \times (1 - 20\%)/(1 - 0.2\%) = 8.02\%$$

考虑时间价值，该项长期借款的资本成本计算如下：

$$L(1 - f) = I_1/(1 + K) + I_2/(1 + K)^2 + \cdots + I_5/(1 + K)^5 + P/(1 + K)^5,$$

即：$100 \times (1 - 0.2\%) = 100 \times 10\% \times (1 - 20\%) \times (P/A, K, 5) + (P/F, K, 5)$

按插值法计算，得：$K_L = 8.05\%$。

2. 公司债券资本成本的计算

公司债券资本成本主要是指债券利息和融资费。由于债券利息计入税前成本费用，可以起到抵税的作用。

K_b = 年利率 ×（1 - 所得税税率）/[（1 - 手续费率）× 债券融资总额]

即：$K_b = [i \times (1 - T) / [L \times (1 - f)] \times 100\%$

式中：L 为公司债券融资总额；I 为公司债券年利息。

【例 2-2】某企业以 110 万元的价格，溢价发行面值为 10 万元、期限 5 年、票面利率为 7% 的公司债券一批。每年付息一次，到期一次还本，发行费用率 3%，所得税税率 20%。该批债券的资本成本率为：

$$K_b = \frac{100\ 000 \times 7\% \times (1 - 20\%)}{1\ 100\ 000 \times (1 - 3\%)} = 5.25\%$$

考虑时间价值，该项公司债券的资本成本计算如下：

$1\ 100\ 000 \times (1 - 3\%) = 100\ 000 \times 7\% \times (1 - 20\%) \times (P/A, K_b, 5) + 1\ 000 \times (P/F, K_b, 5)$

按插值法计算，得：$K_b = 4.09\%$。

3. 普通股资本成本的计算

普通股资本成本主要是向 A 股东支付的各期股利。由于普通股的股利是不固定的，即未来现金流出是不确定的，因此，很难准确估计出普通股的资本成本。常用的普通股资本成本估计的方法有：股利折现模型、资本资产定价模型和债券收益率加风险报酬率。

(1) 股利折现模型法。股利折现模型法就是按照资本成本的基本概念来计算普通股资本成本的，即将企业发行股票所收到的资金净额现值与预计未来资金流出现值相等的贴现率作为普通股资本成本。

即 $P_0 = D_1/(1 + K_s) + D_2/(1 + K_s)^2 + \cdots + D_n/(1 + K_s)^n$

其中：P_0 为股票当前价格；D_n 为股票第 n 年的股利；K_s 为股票的资本成本。

【例 2-3】某公司当前普通股市价为 15 元，公司约定未来每年均发放 1.5 元的股票股利，则：

$$15 = 1.5/(1+K_s) + 1.5/(1+K_s)^2 + \cdots + 1.5/(1+K_s)^n$$

故 $K_s = 1.5/15 = 10\%$。

(2) 股利增长模型法。假设资本市场有效，股票市场价格等于价值。若股票本期支付的股利为D_0，未来各期股利按固定比例 g 增长。股票当前的市场价格为P_0，则普通股资本成本 K_s为：

$$K_s = [D_0 \times (1+g)/[P_0 \times (1-f)] + g$$

【例2-4】某公司普通股市价20元，融资费用率2%，本年发放现金股利每股0.4元，预期股利年增长率为8%。则：

$$K_s = [0.4 \times (1+8\%)/[20 \times (1-2\%)] + 8\% = 10.20\%。$$

(3) 资本资产定价模型法。假定资本市场有效，股票市场价格等于价值。假定无风险报酬率为R_f，市场平均报酬率为R_m，某股票贝塔系数为 β，则普通股资本成本率为：

$$K_s = R_f + \beta(R_m - R_f)$$

【例2-5】某公司普通股 β 系数为 1.5，此时一年期国债利率 7%，市场平均报酬率 13%，则该普通股资本成本率为：

$$K_s = R_f + \beta(R_m - R_f) = 7\% + 1.5 \times (13\% - 7\%) = 16\%。$$

(4)债券收益率加风险报酬率模型法。普通股必须提供给股东比同一公司的债券持有人更高的期望收益率，因为股东承担了更多的风险。因此，可以在长期债券利率的基础上加上股票的风险溢价来计算普通股资本成本。用公式表示为：

普通股资本成本 = 长期债券收益率十风险溢价

其中，风险溢价可以根据历史数据进行估计。在美国，股票相对于债券的风险溢价大约为4% ~6%。由于长期债券收益率能较准确的计算出来，在此基础上加上普通股风险溢价作为普通股资本成本的估计值还是有一定科学性的，而且计算比较简单。

4. 留存收益资本成本的计算

留存收益是企业税后净利形成的，是一种所有者权益，其实质是所有者向企业追加投资。从表面上看，如果公司使用留存收益似乎没有什么成本，其实不然，留存收益资本成本是一种机会成本。留存收益属于股东对企业的追加投资，股东放弃一定的现金股利，意味着将来获得更多的股利，即要求与直接购买同一公司股票的股东取得同样的收益，也就是说公司留存收益的报酬率至少等于股东将股利进行再投资所获得的收益率。因此，企业使用这部分资金的最低成本应该与普通股资本成本相同，唯一的差别就是留存收益没有融资费用。

（二）平均资本成本的计算

平均资本成本是指多元融资方式下的综合资本成本，反映了企业资本成本整体水平的高低。由于受多种因素的制约，企业不可能只使用某种单一的融资方式，往往需要通过多种方式筹集所需资金。而在衡量和评价企业融资总体的经济性时，需要计算企业的平均资本成本，进而确立企业理想的资本结构。

平均资金成本是以各种资金占全部资金的比重为权数，对个别资金成本进行加权平均确定的总资本成本率，其计算公式为：

$$K_w = \sum_{j=1}^{n} K_j W_j$$

其中：K_w为平均资本成本；K_j为第 j 种个别资本成本；W_j为第 j 种资本在全部资本中的比重。计算个别资金占全部资金的比重时，可分别选用账面价值、市场价值、目标价值权数来计算。

1. 账面价值权数

即以各项个别资本的会计报表账面价值为基础来计算资本权数，确定各类资本占总资本的比重。采用这种方法资料容易取得，可以直接从资产负债表中得到，而且计算结果比较稳定。但是当债券和股票的市价与账面价值差距较大时，会导致按账面价值计算出来的资本成本不能反映目前从资本市场上筹集资本的现时机会成本，不适合评价现时的资本结构。

2. 市场价值权数

市场价值权数是指以债券、股票的现行市场价格确定权数，从而计算加权平均资金成本。它能反映企业目前的实际综合资金成本，有利于融资决策。但由于证券的市场价格处于经常变动之中，因而不易确定市场价值权数。此外，市场价值权数和账面价值权数反映的是企业过去和目前的资本结构，据此确定的综合资金成本不一定适合于面向未来的融资决策。

3. 目标价值权数

目标价值权数是指以债券、股票等未来预计的目标市场价格确定权数，从而计算加权平均资金成本。它能体现期望的资本结构，适用于企业筹集新资。但是债券、股票等未来的目标市场价格难以合理地估计。因此，通常选择现行市场价值作为权数，采用期望的资本结构计算加权平均资金成本。

【例2－6】甲公司2012年期末的长期资本账面总额为1 000万元，其中：银行长期贷款400万元，占40%；长期债券250万元，占25%；普通股350万元，占35%。长期贷款、长期债券和普通股的个别资本成本分别为：5%、6%、9%。普通股市场价值为1 800万元，债务市场价值等于账面价值。该公司的平均资本成本如下。

(1)按账面价值计算：

$$K_w = 5\% \times 40\% + 6\% \times 25\% + 9\% \times 35\% = 6.65\%$$

(2)按市场价值计算：

$$K_w = 5\% \times [400/(400+250+1\,800)] + 6\% \times [250/(400+250+1\,800)] + 9\% \times [1\,800/(400+250+1\,800)] = 8.04\%$$

(三)边际资本成本的计算

企业的个别资本成本和平均资本成本，是企业过去筹集的单项资本成本和目前使用的全部资本成本。然而，企业在追加融资时，不能仅仅考虑目前所使用的资本成本，还要考虑新筹集的资金成本，即边际资本成本。边际资本成本是企业追加的融资成本，是企业进行追加融资的决策依据，边际资本成本的权数采用目标价值权数。

【例2-7】甲公司2012年度设定的目标资本结构为：银行借款20%、公司债券25%、普通股55%。现拟追加融资300万元，按此资本结构来融资。个别资本成本率预计分别为：银行借款7%，公司债券11%，普通股权益15%。追加融资300万元的边际资本成本如表2-1所示。

表2-1 边际资本成本计算表

资本种类	目标资本结构	追加融资额	个别资本成本	边际资本成本
银行借款	20%	60万元	7%	1.4%
公司债券	25%	75万元	11%	2.75%
普通股	55%	165万元	15%	8.25
合计	100%	300万元	——	12.40%

第二节 最优资本结构的确定

一、杠杆效应

杠杆效应是指固定成本提高公司期望收益并同时增加公司风险的现象，它表现为：由于特定固定支出或费用的存在，导致当某一财务变量以较小幅度变动时，另一相关变量会以较大幅度变动。杠杆效应既可以产生杠杆利益，也可能带来杠杆风险。杠杆效应包括经营杠杆、财务杠杆和总杠杆三种效应形式。

（一）经营杠杆效应

1. 经营杠杆

经营杠杆指在企业生产经营中由于存在固定成本而使利润变动率大于产销量变动率的现象。经营杠杆反映了资产报酬的波动性，用以评价企业的经营风险。息税前利润（EBIT）与销售量的关系如下：

$$EBIT = S - V - F = (P - V_c)Q - F = M - F$$

式中：EBIT 为息税前利润；S 为销售额；V 为变动性经营成本；F 为固定性经营成本；Q 为产销业务量；P 为销售单价；V_c为单位变动成本；M 为边际贡献。

从上式中可以看出：当产品成本中存在固定成本时，在其他条件不变的情况下，产销业务量的增加会降低单位产品分摊的固定成本，从而提高单位产品的利润，使息税前利润的增长率大于产销业务量的增长率；当不存在固定性经营成本时，所有成本都是变动性经营成本，边际贡献等于息税前利润，息税前利润变动率与产销业务量的变动率一致。

2. 经营杠杆系数

只要企业存在固定性经营成本，就存在经营杠杆效应。经营杠杆系数（DOL），是息税前利润变动率与产销业务量变动率的比，计算公式为：

$$DOL=\frac{\text{息税前利润变动率}}{\text{产销量变动率}}=\frac{\Delta EBIT}{EBIT}\Big/\frac{\Delta Q}{Q}$$

其中：DOL 为经营杠杆系数；ΔEBIT 为息税前利润变动额；ΔQ 为产销业务量变动值。

经营杠杆系数的计算也可以简化为：

$$DOL=\frac{\text{基期边际贡献}}{\text{基期息税前利润}}=\frac{M}{M-F}=\frac{EBIT+F}{EBIT}$$

【例 2－8】甲公司产销某种家具，固定成本 50 万元，变动成本率 80%。年产销额 500 万元时，变动成本 400 万元，固定成本 50 万元，息税前利润 50 万元；年产销额 700 万元时，变动成本为 560 万元，固定成本仍为 50 万元，息税前利润为 90 万元。可以看出，该公司产销量增长了 40%，息税前利润增长了 80%，产生了 2 倍的经营杠杆效应。具体计算如下：

$$DOL=\frac{\Delta EBIT}{EBIT}\Big/\frac{\Delta Q}{Q}=\frac{40}{50}\Big/\frac{200}{500}=2$$

3. 经营杠杆与经营风险

经营杠杆放大了市场和生产等因素的变化对利润波动的影响。经营杠杆系数越高，表明利润波动程度越大，经营风险也就越大。根据经营杠杆系数的计算公式，有：

$$DOL = \frac{EBIT + F}{EBIT} = 1 + \frac{F}{EBIT}$$

上式表明，在企业息税前利润为正的前提下，若企业存在固定性经营成本，则经营杠杆系数总是大于1，企业息税前利润的波动大于产销量的波动。企业一般可以通过增加销售金额、降低产品单位变动成本、降低固定成本比重等措施使经营杠杆率下降，降低经营风险。

【例2-9】甲公司生产一种产品，固定成本100万元，变动成本率70%，当销售额分别为2 000万元、1 000万元、500万元时，经营杠杆系数分别为：

$DOL_{2000} = (2\,000 - 2\,000 \times 70\%)/(2\,000 - 2\,000 \times 70\% - 100) = 1.2$

$DOL_{1\,000} = (1\,000 - 1\,000 \times 70\%)/(1\,000 - 1\,000 \times 70\% - 100) = 1.5$

$DOL_{500} = (500 - 500 \times 70\%)/(500 - 500 \times 70\% - 100) = 3$

上例计算结果表明：在其他因素不变的情况下，销售额越小，经营杠杆系数越大，经营风险也就越大，反之亦然。

（二）财务杠杆效应

1. 财务杠杆

财务杠杆指由于固定性资本成本的存在而使企业的普通股收益（或每股收益）变动率大于息税前利润变动率的现象。财务杠杆反映了股权资本报酬的波动性，用以评价企业的财务风险。普通股每股收益与息税前利润的关系如下：

$TE = (EBIT - I)(1 - T)$

$EPS = (EBIT - I)(1 - T)/N$

式中：TE为全部普通股净收益；EPS为每股收益；I为债务资本利息；T为所得税税率；N为普通股股数。

从上式中可以看出：当有固定利息费用等资本成本存在时，在其他条件不变的情况下，息税前利润的增加会降低每一元息税前利润分摊的利息费用，从而提高每股收益，使得普通股收益的增长率大于息税前利润的增长率；不存在固定利息、股息等资本成本时，息税前利润就是利润总额，此时，利润总额变动率与息税前利润变动率完全一致。

2. 财务杠杆系数

只要企业融资方式中存在固定性资本成本，就存在财务杠杆效应。财务杠杆系数（DFL），是每股收益变动率与息税前利润变动率的倍数，计算公式为：

$$DFL = \frac{每股收益变动率}{息税前利润变动率} = \frac{EPS/EPS}{EBIT/EBIT}$$

财务杠杆系数的计算也可以简化为：

$$DFL = \frac{息税前利润总额}{息税前利润总额-利息} = \frac{EBIT}{EBIT-I}$$

【例2-10】有A、B、C三个公司，资本总额均为1 000万元，所得税税率均为20%，每股面值均为1元。A公司资本全部由普通股组成；B公司债务资本400万元（利率10%），普通股600万元；C公司债务资本500万元（利率12%），普通股500万元。三个公司的有关财务指标如表2-2所示。

表2-2 普通股收益及财务杠杆的计算

单位：万元

利润项目		A公司	B公司	C公司
普通股股数		1 000万股	600万股	500万股
税前利润总额	2011年	200	160	140
	2012年	300	260	240
	增长率	50%	62.50%	71.43%
净利润	2011年	160	128	112
	2012年	240	208	192
	增长率	50%	62.50%	71.43%
普通股收益	2011年	160	128	112
	2012年	240	208	192
	增长率	50%	62.50%	71.43%

（续表）

利润项目		A公司	B公司	C公司
普通股股数		1 000万股	600万股	500万股
每股收益	2011年	0.16元	0.21元	0.22元
	2012年	0.24元	0.35元	0.38元
	增长率	50%	62.50%	71.43%
财务杠杆系数		1.00	1.25	1.43

可见，资本成本中固定性资本成本所占比重越高，财务杠杆系数就越大。

3. 财务杠杆与财务风险

财务风险是指企业由于融资原因产生的资本成本负担而导致的普通股收益波动的风险。影响财务杠杆的因素包括：企业资本结构中债务资本的比重；普通股收益水平；所得税税率水平。财务杠杆放大了资产报酬变化对普通股收益的影响，财务杠杆系数越高，表明普通股收益的波动程度越大，财务风险也就越大。只要有固定性资本成本存在，财务杠杆系数总是大于1。

【例2－11】A、B、C公司2012年的财务杠杆系数分别为：1.000、1.185、1.270。这意味着，如果EBIT下降时，A公司的EPS与之同步下降，而B公司和C公司的EPS会以更大的幅度下降。如表2－3所示。

表2－3 各公司2012年财务杠杆系数表

公司	DFL	EPS降低	EBIT降低
A	1.000	100%	100%
B	1.185	100%	84.39%
C	1.270	100%	78.74%

上述结果意味着，C公司的财务风险远高于其他公司，而B公司的财务风险又高于A公司。

（三）总杠杆效应

1. 总杠杆

总杠杆，是指由于固定经营成本和固定资本成本的存在，导致普通股每股收益变动率大于产销业务量的变动率的现象。总杠杆综合反映了经营杠杆和财务杠杆共同作用的结果，即每股收益与产销业务量之间的变动关系，是衡量公司每股盈利能力的尺度。经营杠杆和财务杠杆的共同作用，导致产销业务量的变动引起普通股每股收益更大的变动。

2. 总杠杆系数

只要企业同时存在固定性经营成本和固定性资本成本，就存在总杠杆效应。总杠杆系数（DTL）是经营杠杆系数和财务杠杆系数的乘积，是普通股每股收益变动率相当于产销量变动率的倍数，计算公式如下：

$$DTL = \frac{\text{普通股每股收益变动率}}{\text{产销量变动率}}$$

总杠杆系数的计算可以简化为：

$$DTL = DOL \times DFL = \frac{\text{基期边际贡献}}{\text{基期利润总额}} = \frac{M}{M - F - I}$$

【例2－12】甲公司有关资料如表2－4所示，可以分别计算其2011年、2012年的经营杠杆系数、财务杠杆系数和总杠杆系数。

表2－4　杠杆效应计算表

单位：万元

项　目	2011年	2012年	变动率
销售收入（售价10元）	1 000	1 200	+20%
边际贡献（单位4元）	400	480	+20%
固定成本	200	200	——
息税前利润（EBIT）	200	280	+40%
利息	50	50	——
利润总额	150	230	+53.33%
净利润（税率20%）	120	184	+53.33%

（续表）

项　　目	2011 年	2012 年	变动率
每股收益(400 万股)	0.30	0.46	+53.33%
经营杠杆(DOL)	2.00	1.71	2.000
财务杠杆(DFL)	1.33	1.22	1.333
总杠杆(DTL)	2.66	2.09	2.667

3. 总杠杆与公司风险

公司风险包括企业的经营风险和财务风险。总杠杆系数反映了经营杠杆和财务杠杆之间的关系，用以评价企业的整体风险水平。在总杠杆系数一定的情况下，经营杠杆系数与财务杠杆系数此消彼长。总杠杆效应的意义在于：

(1)能够说明产销业务量变动对普通股收益的影响，据以预测未来的每股收益水平。

(2)揭示了财务管理的风险管理策略，即要保持一定的风险状况水平，需要维持一定的总杠杆系数，经营杠杆和财务杠杆可以有不同的组合。

二、资本结构理论

资本结构是指企业各种资本的构成及其比例关系。资本结构是企业融资决策的核心问题，企业应综合考虑有关的影响因素，运用适当的方法确定最佳资本结构，并在以后追加融资中继续保持。资本结构理论包括净收益理论、净营业收益理论、MM 理论、代理理论和等级融资理论等，如图 2－3 所示。

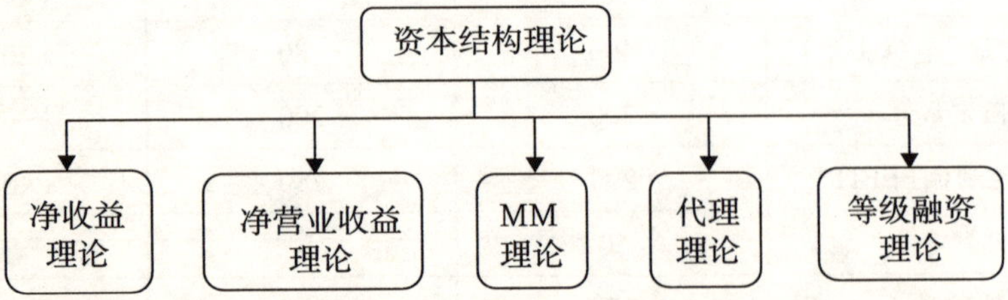

图 2－3　资本结构理论

(一)净收益理论

该理论认为，利用债务可以降低企业的综合资金成本。由于债务成本一般较低，所以，负债程度越高，综合资金成本越低，企业价值越大。当负债比率达到100%时，企业价值将达到最大。

(二)净营业收益理论

该理论认为，资本结构与企业的价值无关，决定企业价值高低的关键要素是企业的净营业收益。尽管企业增加了成本较低的债务资金，但同时也加大了企业的风险，导致权益资金成本提高，企业的综合资金成本仍保持不变。不论企业的财务杠杆程度如何，其整体的资金成本不变，企业的价值也就不受资本结构的影响，因而不存在最佳资本结构。

(三)MM理论

MM理论认为，在没有企业和个人所得税的情况下，任何企业的价值，不论其有无负债，都等于经营利润除以适用于其风险等级的收益率。风险相同的企业，其价值不受有无负债及负债程度的影响；但在考虑所得税的情况下，由于存在税额庇护利益，企业价值会随负债程度的提高而增加，股东也可获得更多好处。于是，负债越多，企业价值也会越大。

(四)代理理论

代理理论认为，企业资本结构会影响经理人员的工作水平和其他行为选择，从而影响企业未来现金收入和企业市场价值。该理论认为，债权融资有很强的激励作用，并将债务视为一种担保机制。这种机制能够促使经理多努力工作，少个人享受，并且作出更好的投资决策，从而降低由于两权分离而产生的代理成本；但是，负债融资可能导致另一种代理成本，即企业接受债权人监督而产生的成本。均衡的企业所有权结构是由股权代理成本和债权代理成本之间的平衡关系来决定的。

(五)等级融资理论

等级融资理论认为：

(1)外部融资的成本不仅包括管理和证券承销成本，还包括不对称信息所产生的“投资不足效应”而引起的成本。

(2)债务融资优于股权融资。由于企业所得税的节税利益，负债融资可以增加企业的价值，即负债越多，企业价值增加越多，这是负债的第一种效应；但是，财务危机成本期望值的现值和代理成本的现值会导致企业价值的下降，即负债越多，企业价值减少额越大，这是负债的第二种效应。由于上述两种效应相抵消，企业应适度负债。

(3)由于非对称信息的存在，企业需要保留一定的负债容量以便有利可图的投资机会来临时发行债券，避免以太高的成本发行新股。

从成熟的证券市场来看，企业的融资优序模式首先是内部融资，其次是借款、发行债券、可转换债券，最后是发行新股融资。但是，20 世纪 80 年代新兴证券市场具有明显的股权融资偏好。

三、影响资本结构的因素

在企业的长期资金中，主要是由所有者权益和非流动负债组成，这两部分资金的性质不同，所有者权益资金是由企业长期使用的，在使用过程中并不规定固定的回报率；而负债资金的使用是有一定期限的，在使用过程中需要支付固定的利息费用。在决定采用哪种资金结构时，需要考虑的因素如图 2 -4所示。

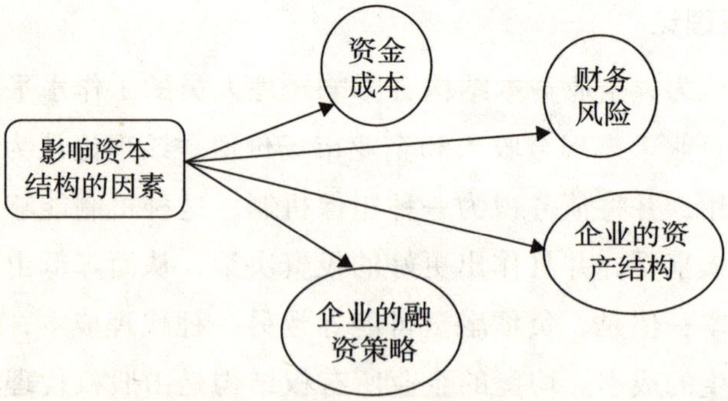

图 2 -4　影响资本结构的因素

1. 资金成本

一般来讲，负债资金的资金成本较低；所有者权益资金的资金成本较高。两者的差异造成企业喜欢利用负债方式筹集资金。增加负债，有利于降低企业的综合资金成本，但会造成企业的全部资金来源中的负债占有很大比重。

2. 财务风险

企业增加负债资金，就相应地增加固定支付利息的压力。利息是引起企业财务风险的主要因素，过多的负债，会加大企业的财务风险。而多采用所有者权益资金，可以减少利息的压力，降低企业的财务风险。

3. 企业的资产结构

企业所属行业不同，其资产结构会有很大的差别。重工业企业长期资产所占比重一般比轻工业企业要大。轻工业企业长期资产的比重一般较低。长期资产需要长期占用资金，需要企业能在较长时间内具有这部分资金的使用权，所有者权益资金可以满足其要求，应多采用所有者权益资金。

4. 企业的融资策略

融资策略有积极型、保守型和中庸型融资策略，积极型融资策略是尽量利用短期资金用于长期资产投资，负债比重会高一些；保守型融资策略是将长期资金投资流动资产，所有者权益资金会多一些；中庸型融资策略介于二者之间。

第三节　融资方式的选择

企业的融资管理，不仅涉及合理选择融资方式，而且还要科学安排资本结构。资本结构优化是企业融资管理的基本目标，也会对企业的生产经营安排产生制约性的影响。

资本结构优化，要求企业权衡负债的低资本成本和高财务风险的关系，确定合理的资本结构。选择资金结构的方法很多，这里我们详细介绍比较资金成本法和每股收益无差别点法。

一、比较资金成本法

平均资本成本比较法，是通过计算和比较各种可能的融资组合方案的平均资本成本，选择平均资本成本率最低的方案。即能够降低平均资本成本的资本结构，就是合理的资本结构。这种方法侧重于从资本投入的角度对融资方案和资本结构进行优化分析。

【例2-13】甲公司需筹集80万元长期资本，可以用贷款、发行债券、发行普通股三种方式筹集，其个别资本成本率已分别测定，有关资料如表2-5所示。

表2-5 甲公司资本成本与资本结构数据表

融资方式	资本结构			个别资本成本率
	A方案	B方案	C方案	
贷款	40%	30%	30%	6%
债券	15%	10%	20%	8%
普通股	45%	60%	50%	9%
合计	100%	100%	100%	

首先，分别计算三个方案的综合资本成本K。

A方案：K=40%×6%+15%×8%+45%×9%=7.65%

B方案：K=30%×6%+15%×8%+55%×9%=7.95%

C方案：K=20%×6%+20%×8%+60%×9%=8.2%

其次，根据企业融资评价的其他标准考虑企业的其他因素，对各个方案进行修正之后，再选择其中成本最低的方案。本例中，我们假设其他因素对方案选择的影响甚小，则A方案的综合资本成本最低。这样，该公司的资本结构为贷款32万元，发行债券12万元，发行普通股36万元。

二、每股收益分析法

可以用每股收益的变化来判断资本结构和融资方式是否合理，即普通股每股收益较高的资本结构，就是更好的资本结构和融资方式。

每股收益分析法的计算步骤如下：

(1)计算各融资方案下的每股收益无差别点。所谓每股收益无差别点，是指不同融资方式下每股收益都相等时的息税前利润和业务量水平。

(2)根据当前销售水平，判断应选择何种融资方式，进而确定企业的资本结构安排。

① 当 EBIT 大于每股利润无差别点的 EBIT 时，负债融资较好；

② 当 EBIT 小于每股利润无差别点的 EBIT 时，股票融资较好；

③ 当 EBIT 等于每股利润无差别点的 EBIT 时，两种融资一样。

在每股收益无差别点时，不同融资方案的每股收益是相等的，用公式表示如下：

$$(\overline{EBIT}-I_1)(1-T)/N_1=(\overline{EBIT}-I_2)(1-T)/N_2$$

$$\overline{EBIT}=(I_1N_2-I_2N_1)/(N_2-N_1)$$

其中，$\overline{EBIT}$为息税前利润平衡点，即每股收益无差别点；I_1、I_2为两种融资方式下的债务利息；N_1、N_2为两种融资方式下普通股股数；T 为所得税税率。每股收益无差别点既可以用销售量，也可以用销售额表示。

【例 2-14】甲公司目前资本结构为：总资本 1 000 万元，其中，债务资本 300 万元(年利息 30 万元)，普通股资本 600 万元(600 万股，面值 1 元，市价 7 元)。企业由于有一个较好的新投资项目，需要追加融资 300 万元，有两种融资方案：

甲方案：向银行取得长期借款 300 万元，利息率 15%。

乙方案：增发普通股 100 万股，每股发行价 4 元。

根据财务人员测算，追加融资后销售额可望达到 1 200 万元，变动成本率 70%，固定成本为 100 万元，所得税税率 20%，不考虑融资费用因素。根据上述数据，代入无差别点公式：

$$(\overline{EBIT}-30-45)(1-20\%)/600=(\overline{EBIT}-30)(1-20\%)/(600+100)$$

得：$\overline{EBIT}=345$(万元)

这里，$\overline{EBIT}$为 345 万元是两个融资方案的每股收益无差别点。在此点上，两个方案的每股收益相等，均为 0.36 元。企业预期追加融资后销售额 1 200 万元，预期获利 260 万元，低于无差别点 345 万元，应当采用财务风险较小的乙方案，即增发普通股方案。在 1 200 万元销售额水平上，甲方案的 EPS 为 0.247 元，乙方案的 EPS 为 0.263 元。

当企业需要的资本额较大时，可能会采用多种融资方式组合融资。这时，需要详细比较分析各种组合融资方式下的资本成本及其对每股收益的影响，选择每股收益最高的融资方式。

三、公司价值分析法

以上两种方法都是从账面价值的角度进行资本结构优化分析，没有考虑市场反应，也没有考虑风险因素。公司价值分析法，是在考虑市场风险的基础上，以公司市场价值为标准，进行资本结构优化。即能够提升公司价值的资本结构，就是合理的资本结构。这种方法主要用于对现有资本结构进行调整，适用于资本规模较大的上市公司资本结构优化分析。同时，在公司价值最大的资本结构下，公司的平均资本成本率也是最低的。

V 表示公司价值，B 表示债务资本价值，S 表示权益资本价值。公司价值应该等于资本的市场价值，即：

$V = S + B$

为简化分析，假设公司各期的 EBIT 保持不变，债务资本的市场价值等于其面值，权益资本的市场价值可通过下式计算：

$S = (\overline{EBIT} - I)(1 - T)/K_S$

其中，$K_S = R_S = R_f + \beta(R_m - R_f)$

此时，$K_w = K_b(1 - T)B/V + K_S S/V$

【例 2-15】甲公司息税前利润为 400 万元，资本总额账面价值 1 000 万元。假设无风险报酬率为 6%，证券市场平均报酬率为 10%，所得税税率为 30%。经测算，不同债务水平下的权益资本成本率和债务资本成本率如表 2-6 所示。

表 2-6 不同债务水平下的债务资本成本率和权益资本成本率

债务市场价值 B(万元)	税前债务利息率K_b	股票 β 系数	权益资本成本率R_s
0		1.50	12.0%
200	8.0%	1.55	12.2%

（续表）

债务市场价值B(万元)	税前债务利息率K_b	股票β系数	权益资本成本率R_s
400	8.5%	1.65	12.6%
600	9.0%	1.80	13.2%
800	10.0%	2.00	14.0%
1 000	12.0%	2.30	15.2%
1 200	15.0%	2.70	16.8%

根据表2-5资料，可计算出不同资本结构下的企业总价值和综合资本成本。如表2-6所示。

表2-6 公司价值和平均资本成本率

单位：万元

债务市场价值	股票市场价值	公司总价值	债务税后资本成本	普通股资本成本	平均资本成本
0	2 000	2 000	——	12.0%	12.0%
200	1 889	2 089	5.60%	12.2%	11.57%
400	1 743	2 143	5.95%	12.6%	11.36%
600	1 573	2 173	6.30%	13.2%	6.77%
800	1 371	2 171	7.00%	14.0%	10.75%
1 000	1 105	2 105	8.40%	15.2%	17.75%
1 200	786	1 986	10.50%	16.8%	31.99%

可以看出，在没有债务资本的情况下，公司的总价值等于股票的账面价值。当公司增加一部分债务时，财务杠杆开始发挥作用，股票市场价值大于其账面价值，公司总价值上升，平均资本成本率下降。在债务达到600万元时，公司总价值最高，平均资本成本率最低。债务超过600万元后，随着利息率的不断上升，财务杠杆作用逐步减弱甚至呈现负作用，公司总价值下降，平均资本成本率上升。因此，债务为600万元时的资本结构是该公司的最优资本结构。

第三章　企业融资及会计处理

第一节　股权融资及会计处理

一、企业合并形成的股权融资及会计处理

企业合并形成的股权融资主要分为同一控制下的企业合并形成的股权融资和非同一控制下企业合并形成的股权融资。其详细的会计处理见本书第五章“长期股权投资及会计处理”。

二、发行股票形成的股权融资及会计处理

股权融资是指企业的股东愿意让出部分企业所有权，通过企业增资的方式引进新的股东的融资方式。股权融资所获得的资金，企业无须还本付息，但新股东将与老股东同样分享企业的赢利与增长。

【例3－1】某股份公司经批准向社会公开发行普通股1 600万股，每股票面金额为1元，溢价发行。若发行后，实收股款为6 000万元，则该公司应作如下会计分录：

借：银行存款	60 000 000	
贷：股本——普通股		16 000 000
资本公积——股本溢价		44 000 000

三、投资者投入形成的股权融资及会计处理

（一）以现金投入

当收到投资者投入的现金，应在实际收到或存入企业开户银行时，借记“银行存款”科目，贷记“实收资本”科目；若投入的金额超过按约定比例计算

的其在注册资本中所占的份额部分，则超过部分作为资本溢价，应贷记“资本公积——资本溢价”科目。

【例3-2】某有限责任公司收到F公司的货币资金出资200万元，款项已存入银行。该公司应作的会计分录为：

借：银行存款　　2 000 000

　　贷：实收资本——F公司　　2 000 000

（二）以非现金资产投入

以非现金资产投入的，如以实物资产投资，应在办理实物产权转移手续时，作账务处理。

（1）当收到投资者以原材料等存货出资时，如果按计划成本核算，则应按存货的计划成本，借记“原材料”等科目，按专用发票上注明的增值税额，借记“应交税费——应交增值税（进项税额）”科目，应按投资合同或协议约定的价值，贷记“实收资本”和“资本公积”科目，按计划成本与投资合同或协议约定的价值之间的差额，借记或贷记“材料成本差异”等科目。如果按实际成本法核算，则按实际成本，借记“原材料”等科目，按专用发票上注明的增值税额，借记“应交税费——应交增值税（进项税额）”科目，按投资各方确认的价值，贷记“实收资本”和“资本公积”科目。

（2）当收到投资者以固定资产出资时，应按投资合同或协议约定的价值，借记“固定资产”科目，贷记“实收资本”和“资本公积”等科目。

（3）当收到投资者以无形资产出资时，应按投资合同或协议约定的价值，借记“无形资产”科目，贷记“实收资本”和“资本公积”等科目。

在上述以非现金资产出资的情况下，如果投资合同或协议约定的价值不公允，则应按公允价值确定非现金资产的入账价值。

【例3-3】某新设有限责任公司为一般纳税人，原材料按计划成本核算。收到Z公司按合同、章程出资的协议确认的价值为200万元的非现金资产，包括一台固定资产设备、一项专利权和一批原材料，其中，双方确认的投入固定资产设备的价值为135万元，双方确认的投入专利权的价值为

25万元，双方确认的投入原材料的价值为40万元，该批原材料的增值税进项税额为6.8万元。固定资产已交付使用，原材料也已验收入库，该批原材料的计划成本为43万元。该公司应作如下会计分录：

借：固定资产	1 350 000
无形资产	250 000
原材料	430 000
应交税费——应交增值税(进项税额)	68 000
贷：实收资本——Z公司	2 000 000
材料成本差异	30 000
资本公积	68 000

按照《中华人民共和国公司法》的规定，有限责任公司的股东可以用货币出资，也可以用实物、知识产权、土地使用权等非货币财产出资；但是，法律、行政法规规定不得作为出资的财产除外。对作为出资的非货币财产应当评估作价，核实财产，不得高估或者低估作价。法律、行政法规对评估作价有规定的，从其规定。全体股东的货币出资金额不得低于有限责任公司注册资本的30%。

四、非货币性资产交换形成的股权融资及会计处理

非货币性资产交换，是指交易双方主要以存货、固定资产、无形资产和长期股权投资等非货币性资产进行的交换。

符合商业实质的非货币性资产交换，交换双方应以公允价值进行计量，换出资产为长期股权投资的，换出资产公允价值和换出资产账面价值的差额计入投资收益；不具有商业实质或交换涉及资产的公允价值均不能可靠计量的非货币性资产交换，交换双方应以账面价值进行计量。

【例3-4】为了提高产品质量，甲公司以其持有的对乙公司的长期股权投资交换丙公司拥有的一项液晶电视屏专利技术。在交换日，甲公司持有的长期股权投资账面余额为800万元，已计提长期股权投资减值准备100万元，在交换日的公允价值为600万元；丙公司专利技术的账面原价为800万元，累计已摊销金额为160万元，已计提减值准备为20万元，在交换日

的公允价值为600万元。A公司原已持有对乙公司的长期股权投资，从甲公司换入对乙公司的长期股权投资后，使乙公司成为A公司的联营企业。不考虑交易中的相关税收。

分析：该项资产交换没有涉及收付货币性资产，因此，属于非货币性资产交换。双方交换资产的未来现金流量在时间、风险和金额方面都有所不同，并且能给公司发展带来重要意义。因此，该两项资产的交换具有商业实质，且两项资产的公允价值都能够可靠地计量，符合以公允价值计量的条件。甲公司和丙公司均应当以公允价值为基础确定换入资产的成本，并确认产生的损益。

甲公司的账务处理如下：

借：无形资产——专利权	6 000 000	
长期股权投资减值准备	1 000 000	
投资收益	1 000 000	
贷：长期股权投资		8 000 000

丙公司的账务处理如下：

借：长期股权投资	6 000 000	
累计摊销	1 600 000	
无形资产减值准备	200 000	
营业外支出	200 000	
贷：无形资产——专利权		8 000 000

五、债务重组形成的股权融资及会计处理

债务重组，是指在债务人发生财务困难的情况下，债权人按照其与债务人达成的协议或法院的裁定作出让步的事项。以债务转为资本方式进行债务重组的，取得长期股权投资方应按以下原则处理：

（1）债务人应将债权人因放弃债权而享有股份的面值总额确认为股本（或实收资本）；股份的公允价值总额与股本（或实收资本）之间的差额确认为资本公积。重组债务的账面价值与股份的公允价值总额之间的差额确认为债务重组利得，计入当期损益。

(2)债务人将债务转为资本，即债权人将债权转为股权。在这种方式下，债权人应将重组债权的账面余额与因放弃债权而享有的股权的公允价值之间的差额，先冲减已提取的减值准备，减值准备不足冲减的部分，或未提取减值准备的，将该差额确认为债务重组损失。同时，债权人应将因放弃债权而享有的股权按公允价值计量。发生的相关税费，分别按照长期股权投资或者金融工具确认和计量的规定进行处理。

【例3-5】2012年9月1日，甲公司应收乙公司账款的账面余额为65 000元，由于乙公司发生财务困难，无法偿付应付账款。经双方协商同意，采取将乙公司所欠债务转为乙公司股本的方式进行债务重组，假定远大公司普通股的面值为1元，乙公司以20 000股抵偿该项债务，股票每股市价为2.5元。甲公司对该项应收账款计提了坏账准备5 000元。股票登记手续已办理完毕，甲公司将其作为长期股权投资处理。

(1)乙公司的账务处理如下。

① 计算应计入资本公积的金额：

股票的公允价值	50 000
减：股票的面值总额	20 000
应计入资本公积	30 000

② 计算应确认的债务重组利得：

债务账面价值	65 000
减：股票的公允价值	50 000
债务重组利得	15 000

③ 应作会计分录如下：

借：应付账款	65 000	
贷：股本		20 000
资本公积——股本溢价		30 000
营业外收入——债务重组利得		15 000

(2)甲公司的账务处理如下。

① 计算债务重组损失：

应收账款账面余额	65 000	
减：所转股权的公允价值	50 000	
差额	15 000	
减：已计提坏账准备	5 000	
债务重组损失	10 000	

② 应作会计分录如下：

借：长期股权投资	50 000	
营业外支出——债务重组损失	10 000	
坏账准备	5 000	
贷：应收账款		65 000

第二节　债务融资及会计处理

一、短期负债融资及会计处理

短期负债又称流动负债，包括向金融机构借入的短期资金、发行短期债券筹集的资金以及在生产经营活动中形成的各种应付、应交款项。

（一）应付账款的核算

1. 应付账款的确认与计量

应付账款指因购买材料、商品或接受劳务供应等而发生的债务。这是买卖双方在购销活动中由于取得物资与支付货款在时间上不一致而产生的负债。应付账款入账时间的确定，应以所购买物资的所有权转移或接受劳务已发生为标志。

但在实际工作中，应区别两种情况分别进行处理：

（1）在物资和发票账单同时到达的情况下，要区分两种情况处理：如果物资验收入库的同时支付货款，则不通过“应付账款”科目核算；如果物资验收入库后仍未付款，则按发票账单登记入账。按发票账单登记入账主要是为了确认所购入的物资是否在质量、数量和品种上都与合同中的条件相符。

(2)在物资和发票账单不是同时到达的情况下，也要区分两种情况处理：在发票账单已到，物资未到的情况下，应当直接根据发票账单支付物资的价款和运杂费，计入有关物资的成本和应付账款(未能及时支付货款时)，不需要按照应付债务估计入账；在物资已到，发票账单未到，也无法确定实际成本的情况下，在月度终了，需要按照所购物资和应付债务估计入账，待下月初作相反的会计分录予以冲回。

应付账款一般按应付金额入账，而不按到期应付金额的现值入账。如果购入的资产在形成一笔应付账款时是带有现金折扣的，应付账款入账金额按发票上记载的应付金额的总值(即不扣除折扣)确定。在这种方法下，应按发票上记载的全部金额，借记有关科目，贷记“应付账款”科目；现金折扣实际发生时，冲减财务费用。

应付账款一般在较短期限内支付，但有时应付账款由于债权单位撤销或其他原因而无法支付的，则直接转入营业外收入。

2. 应付账款的核算

为了总括反映和监督企业因购买商品和接受劳务供应等产生的债务及其偿还情况，企业应设置“应付账款”科目。该科目贷方登记企业购买材料、商品、接受劳务的应付而未付的款项；借方登记偿还的应付账款以及用商业汇票抵付的应付账款；期末贷方余额反映尚未偿还或抵付的应付账歉。该科目应按债权人设置明细账。

(1)企业购入商品时，若货款尚未支付，根据有关凭证借记“材料采购”、“在途物资”等科目，按可抵扣的增值税额，借记“应交税费——应交增值税(进项税额)”等科目，按应付的价款，贷记“应付账款”科目。

(2)企业接受供应单位提供劳务而发生的应付未付款项，根据供应单位的发票账单，借记“生产成本”、“管理费用”等科目，贷记“应付账款”科目。

(3)企业开出承兑商业汇票抵付应付账款，借记“应付账款”科目，贷记“应付票据”科目。

(4)企业偿付应付款时，借记“应付账款”科目，贷记“银行存款”科目。

(5)企业将应付账款划转出去或者确实无法支付的应付账款，应按其账面余额，借记“应付账款”科目，贷记“营业外收入”科目。

【例3-6】甲公司向A公司购入材料一批价款4 000元，增值税税率17%，付款条件为2/10，n/30。材料已验收入库，货款暂欠。

① 借：原材料　　4 000
　　应交税费——应交增值税(进项税额)　　680
　　贷：应付账款——A公司　　4 680

② 若10天内付款：

借：应付账款——A公司　　4 680
　　贷：银行存款　　4 600
　　　　财务费用　　80

(二)应收票据的核算

1. 应收票据的定义

应付票据是由出票人出票，委托付款人在指定日期无条件支付确定的金额给收款人或者持票人的票据。应付票据也是委托付款人承诺在一定时期内支付一定款项的书面证明。

应付票据与应付账款不同，虽然都是由于交易而引起的流动负债，但应付账款是尚未结清的债务，而应付票据是一种期票，是延期付款的证明，有承诺付款的票据作为凭证。应付票据分为带息和不带息两种。由于应付票据的期限较短，不论是否带息，一般按面值记账。

2. 应收票据的核算

为了反映企业购买商品和接受劳务等而开出承兑商业汇票的情况，企业应设置“应付票据”科目。该科目贷方登记开出的商业汇票面值和应计利息，借方登记支付票据的款项，期末贷方余额反映企业开出的尚未到期的应付票据本息。

(1)企业开出商业承兑汇票或以商业承兑汇票抵付货款、应付账款时，借记“材料采购”、“ 在途物资”、“库存商品”、“应付账款”、“应交税费——应交增值税(进项税额)”等科目，贷记“应付票据”科目。

(2)支付银行承兑汇票的手续费，借记“财务费用”科目，贷记“银行存款”科目。收到银行支付到期票据的付款通知，借记“应付票据”科目，贷记“银行存款”科目。

(3)应付票据到期，如企业无力支付票款，按应付票据的账面余额，借记“应付票据”科目，贷记“应付账款”科目；如为银行承兑汇票，则贷记“短期借款”科目。

企业应当设置“应付票据备查簿”，详细登记每一种应付票据的种类、号数、签发日期、到期日、票面金额、票面利率、合同交易号、收款人姓名或单位名称，以及付款日期和金额等资料。应付票据到期结清时，应当在备查簿内逐笔注销。

【例3－7】某公司(一般纳税企业)2012年2月1日购入一批价格为300 000元的商品(尚未验收入库)，收到增值税专用发票一张，注明增值税额51 000元；同时出具了一张期限为3个月的商业汇票。根据上述资料，该公司应作如下会计处理。

①2012年2月1日购入商品时：

借：在途物资　　300 000

　　应交税费——应交增值税(进项税额)　　51 000

　　贷：应付票据　　351 000

②2012年5月1日到期付款时：

借：应付票据　　351 000

　　贷：银行存款　　351 000

③如2012年5月1日到期无力付款时，该商业汇票如为商业承兑汇票，则：

借：应付票据　　351 000

　　贷：应付账款　　351 000

该商业汇票如为银行承兑汇票，则：

借：应付票据　　351 000

　　贷：短期借款　　351 000

二、长期负债融资及会计处理

按照《企业会计准则第30号——财务报表列报》的要求，负债分为流动负债和非流动负债(也称长期负债)。其中，流动负债是指满足下列条件之一的负债：① 预计在一个正常营业周期内清偿。② 主要为交易目的而持有。③ 自资产负债表日起一年内到期应予以清偿。④ 企业无权自主地将清偿推迟至资产负债表日后一年以上。流动负债以外的负债为长期负债。长期负债通常包括长期借款、长期应付款、应付债券等。根据《企业会计准则第22号——金融工具确认和计量》的规定，长期负债应当按照公允价值进行初始计量，采用摊余成本进行后续计量。实际利率与合同利率差别较小的，也可按合同利率计算利息费用。有关摊余成本和利息费用的计算确定参见本书第四章的相关内容。

(一)长期借款

长期借款，是指企业从银行或其他金融机构借入的期限在一年以上(不含一年)的借款。长期借款的有关账务处理如下。

(1)企业借入各种长期借款，按实际收到的款项，借记“银行存款”科目，贷记“长期借款——本金”科目；按其差额，借记“长期借款——利息调整”科目。

在资产负债表日，企业应按长期借款的摊余成本和实际利率计算确定的长期借款的利息费用，借记“在建工程”、“财务费用”、“制造费用”等科目，按借款本金和合同利率计算确定的应付未付利息，贷记“应付利息”科目，对于一次还本付息的长期借款，贷记“长期借款——应计利息”科目，按其差额，贷记“长期借款——利息调整”科目。

(2)企业归还长期借款，按归还的长期借款本金，借记“长期借款——本金”科目，按转销的利息调整金额，贷记“长期借款——利息调整”科目，按实际归还的款项，贷记“银行存款”科目，按其差额，借记“在建工程”、“财务费用”、“制造费用”等科目。

【例3-8】某公司为建造密封生产线，于2011年1月1日从工商银行借入期限为2年的长期专门借款150 000元，款项已存入银行。借款利率按市场利率确定为9%，每年付息一次，期满后一次还清本金。2011年初，该企业以银行存款支付工程价款共计90 000元，2011年初，又以银行存款支付工程费用60 000元。该生产线于2012年8月31日完工，达到预定可使用状态。假定不考虑闲置专门借款资金存款的利息收入或者投资收益。

该公司的有关账务处理如下。

① 2011 年 1 月 1 日，取得借款时：

借：银行存款　　150 000

　　贷：长期借款——工商银行——本金　　150 000

② 2011 年初，支付工程款时：

借：在建工程——密封生产线　　90 000

　　贷：银行存款　　90 000

③ 2011 年 12 月 31 日，计算 2011 年应计入工程成本的利息费用时：

借款利息 = 150 000 × 9% = 13 500(元)

借：在建工程——密封生产线　　13 500

　　贷：应付利息——工商银行　　13 500

④ 2011 年 12 月 31 日，支付借款利息时：

借：应付利息——工商银行　　13 500

　　贷：银行存款　　13 500

⑤ 2012 年初，支付工程款时：

借：在建工程——密封生产线　　60 000

　　贷：银行存款　　60 000

⑥ 2012 年 8 月 31 日，生产线达到预定可使用状态时：

该期应计入工程成本的利息 = (150 000 × 9% ÷ 12) × 8 = 9 000(元)

借：在建工程——密封生产线　　9 000

　　贷：应付利息——工商银行　　9 000

同时，

借：固定资产——密封生产线　　172 500

　　贷：在建工程——密封生产线　　172 500

⑦ 2012 年 12 月 31 日，计算 2012 年 9 ~ 12 月的利息费用时：

应计入财务费用的利息 = (150 000 × 9% ÷ 12) × 4 = 4 500(元)

借：财务费用——xx 借款　　4 500

　　贷：应付利息——工商银行　　4 500

⑧ 2012 年 12 月 31 日，支付利息时：

借：应付利息——工商银行　　13 500
　　贷：银行存款　　13 500
到期还本时：
借：长期借款——工商银行——本金　　150 000
　　贷：银行存款　　150 000

(二)应付债券

企业根据国家有关规定，在符合条件的前提下，经批准可以发行公司债券、可转换公司债券、认股权和债券分离交易的可转换公司债券。本章在此以一般公司债券为例说明应付债券的会计处理，在下一节会详细介绍可转换公司债券的会计处理。

1. 一般公司债券

(1) 公司债券的发行。企业发行的一年期以上的债券，构成了企业的长期负债。公司债券的发行方式有三种，即面值发行、溢价发行、折价发行。假设其他条件不变，债券的票面利率高于市场利率时，可按超过债券票面价值的价格发行，称为溢价发行，溢价是企业以后各期多付利息而事先得到的补偿；如果债券的票面利率低于市场利率，可按低于债券票面价值的价格发行，称为折价发行，折价是企业以后各期少付利息而预先给投资者的补偿；如果债券的票面利率与市场利率相同，可按票面价值的价格发行，称为面值发行。溢价或折价实质上是发行债券企业在债券存续期内对利息费用的一种调整。

无论是以何种形式发行，企业均应按债券面值记入“应付债券——面值”科目，实际收到的款项与面值的差额，记入“应付债券——利息调整”科目。企业发行债券时，按实际收到的款项，借记“银行存款”等科目，按债券票面价值，贷记“应付债券——面值”科目，按实际收到的款项与票面价值之间的差额，贷记或借记“应付债券——利息调整”科目。

(2)利息调整的摊销。利息调整应在债券存续期间内采用实际利率法进行摊销。

企业发行的债券通常分为到期一次还本付息或分期付息、一次还本两种。

资产负债表日，对于分期付息、一次还本的债券，企业应按应付债券的摊余成本和实际利率计算确定的债券利息费用，借记“在建工程”、“制造费用”、“财务费用”等科目，按票面利率计算确定的应付未付利息，贷记“应付利息”科目，按其差额，借记或贷记“应付债券——利息调整”科目。

对于一次还本付息的债券，企业应于资产负债表日按摊余成本和实际利率计算确定的债券利息费用，借记“在建工程”、“制造费用”、“财务费用”等科目，按票面利率计算确定的应付未付利息，贷记“应付债券——应计利息”科目，按其差额，借记或贷记“应付债券——利息调整”科目。

(3)债券的偿还。采用一次还本付息方式的，企业应于债券到期支付债券本息时，借记“应付债券——面值”、“应付债券——应计利息”科目，贷记“银行存款”科目。采用一次还本、分期付息方式的，在每期支付利息时，借记“应付利息”科目，贷记“银行存款”科目；债券到期偿还本金并支付最后一期利息时，借记“应付债券——面值”、“在建工程”、“财务费用”、“制造费用”等科目，贷记“银行存款”科目，按其差额，借记或贷记“应付债券——利息调整”科目。

【例3-9】2011年1月1日，甲公司经批准发行5年期一次还本、分期付息的公司债券6 000 000元，债券利息在每年12月31日支付，票面利率为年利率6%。假定债券发行时的市场利率为5%。

甲公司该批债券实际发行价格为：

6 000 000×(P/S，5%，5)+6 000 000×6%×(P/A，5%，5)=6 000 000×0.7 835+6 000 000×6%×4.3 295=6 259 620(元)

甲公司根据上述资料，采用实际利率法和摊余成本计算确定的利息费用如表3-1所示。

表3-1 甲公司2011年1月1日发行公司债券的利息费用

单位：元

日期	现金流出	实际利息费用=期初×5%	已偿还的本金	摊余成本余额
2011年1月1日				6 259 620

（续表）

日期	现金流出	实际利息费用 =期初×5%	已偿还的本金	摊余成本余额
2011 年 12 月 31 日	360 000	312 981	47 019	6 212 601
2012 年 12 月 31 日	360 000	310 630. 50	49 369. 95	6 163 231. 05
2013 年 12 月 31 日	360 000	308 161. 55	51 838. 45	6 111 392. 60
2014 年 12 月 31 日	360 000	305 569. 63	54 430. 37	6 056 962. 23
2015 年 12 月 31 日	360 000	303 037. 77 *	56 962. 23	6 000 000
小计	1 800 000	1 540 380	259 620	6 000 000
2015 年 12 月 31 日	6 000 000	—	6 000 000	0
合计	7 800 000	1 540 380	6 259 620	—

*尾数调整：6 000 000 + 360 000 − 605 6962. 23 = 3 030 37. 77（元）

根据表 3 − 1 的资料，甲公司的账务处理如下。

① 2011 年 1 月 1 日，发行债券时：

借：银行存款　　6 259 620

　　贷：应付债券——面值　　6 000 000

　　　　　　　　——利息调整　　259 620

② 2011 年 12 月 31 日，计算利息费用时：

借：财务费用（或在建工程）　　312 981

　　应付债券——利息调整　　47 019

　　贷：应付利息——××银行　　360 000

③ 2011 年 12 月 31 日，支付利息时：

借：应付利息——××银行　　36 000

　　贷：银行存款　　36 000

未来在 2012 年、2013 年、2014 年确认利息费用的会计分录与 2011 年相同，金额与利息费用一览表的对应金额一致。

④ 2015 年 12 月 31 日，归还债券本金及最后一期利息费用时：

借：财务费用（或在建工程）　　303 037. 77

应付债券——面值　　6 000 000
——利息调整　　59 662.23
贷：银行存款　　6 360 000

（三）长期应付款

长期应付款，是企业除长期借款和应付债券以外的其他各种长期应付款项，包括应付融资租入固定资产的租赁费、具有融资性质的延期付款购买资产发生的应付款项等。

1. 应付融资租入固定资产的租赁费

租赁是指在约定的期间内，出租人将资产使用权让与承租人，以获取租金的协议。租赁的主要特征是转移资产的使用权，而不是转移资产的所有权，并且这种转移是有偿的，取得使用权以支付租金为代价，从而使租赁有别于资产购置和不把资产的使用权从合同的一方转移给另一方的服务性合同。

（1）租赁的分类。承租人应当在租赁开始日将租赁分为融资租赁和经营租赁。租赁开始日，是指租赁协议日与租赁各方就主要条款作出承诺日中的较早者。在租赁开始日，承租人应当将租赁认定为融资租赁或经营租赁，并确定租赁期开始日应确认的金额。

企业对租赁进行分类时，应当全面考虑租赁期届满时租赁资产所有权是否转移给承租人、承租人是否有购买租赁资产的选择权、租赁期占租赁资产使用寿命的比例等各种因素。租赁期，是指租赁协议规定的不可撤销的租赁期间。如果承租人有权选择续租该资产，并且在租赁开始日就可以合理确定承租人将会行使这种选择权，不论是否再支付租金，续租期也包括在租赁期之内。

具体地说，满足下列标准之一的，应认定为融资租赁。

① 在租赁期届满时，资产的所有权转移给承租人。如果在租赁协议中已经约定，或者根据其他条件在租赁开始日就可以合理地判断，租赁期届满时出租人会将资产的所有权转移给承租人，那么，该项租赁应当认定为融资租赁。

② 承租人有购买租赁资产的选择权，所订立的购价预计远低于行使选择权时租赁资产的公允价值，因而在租赁开始日就可合理地确定承租人将会行使这种选择权。

③ 租赁期占租赁资产使用寿命的大部分。这里的"大部分"掌握在租赁期占租赁开始日租赁资产使用寿命的75%以上(含75%)。需要说明的是，这里的量化标准只是指导性标准，企业在具体运用时，必须以《企业会计准则第21号——租赁》规定的相关条件判断。

需要注意的是，这条标准强调的是租赁期占租赁资产使用寿命的比例，而非租赁期占该项资产全部可使用年限的比例。如果租赁资产是旧资产，在租赁前已使用年限超过资产自全新时起算可使用年限的75%以上(含75%)时，则这条判断标准不适用，不能使用这条标准确定租赁的分类。

④ 就承租人而言，租赁开始日最低租赁付款额的现值几乎相当于租赁开始日租赁资产的公允价值。这里的"几乎相当于"掌握在90%(含90%)以上。需要说明的是，这里的量化标准只是指导性标准，企业在具体运用时，必须以《企业会计准则第21号——租赁》规定的相关条件判断。

最低租赁付款额，是指在租赁期内，承租人应支付或可能被要求支付的款项(不包括或有租金和履约成本)，加上由承租人或与其有关的第三方担保的资产余值。

承租人有购买租赁资产选择权，所订立的购买价款预计将远低于行使选择权时租赁资产的公允价值，因而在租赁开始日就可以合理确定承租人将会行使这种选择权的，购买价款应当计入最低租赁付款额。

⑤ 租赁资产性质特殊，如果不作较大改造，只有承租人才能使用。这条标准是指租赁资产是出租人根据承租人对资产型号、规格等方面的特殊要求专门购买或建造的，具有专购、专用性质。这些租赁资产如果不作较大的重新改制，其他企业通常难以使用。这种情况下，该项租赁应当认定为融资租赁。

(2)企业(承租人)对融资租赁的会计处理。

① 租赁期开始日的会计处理。租赁期开始日是指承租人有权行使其使用租赁资产权利的日期，表明租赁行为的开始。在租赁期开始日，承租人应当

对租入资产、最低租赁付款额和未确认融资费用进行初始确认。

企业采用融资租赁方式租入的固定资产，应在租赁期开始日，将租赁开始日租赁资产的公允价值与最低租赁付款额现值两者中的较低者，加上初始直接费用，作为租入资产的入账价值，借记“固定资产”等科目，按最低租赁付款额，贷记“长期应付款”科目，按发生的初始直接费用，贷记“银行存款”等科目，按其差额，借记“未确认融资费用”科目。

初始直接费用是指在租赁谈判和签订租赁协议的过程中发生的可直接归属于租赁项目的费用。承租人发生的初始直接费用，通常有印花税、佣金、律师费、差旅费、谈判费等。承租人发生的初始直接费用，应当计入租入资产的价值。

企业在计算最低租赁付款额的现值时，能够取得出租人租赁内含利率的，应当采用租赁内含利率作为折现率；否则，应当采用租赁合同规定的利率作为折现率。企业无法取得出租人的租赁内含利率且租赁合同没有规定利率的，应当采用同期银行贷款利率作为折现率。其中，租赁内含利率是指在租赁开始日，使最低租赁收款额的现值与未担保余值的现值之和等于租赁资产公允价值与出租人的初始直接费用之和的折现率。

未担保余值指租赁资产余值中扣除就出租人而言的担保余值以后的资产余值。

② 未确认融资费用的分摊。在融资租赁下，承租人向出租人支付的租金中，包含了本金和利息两部分，承租人支付租金时，一方面应减少长期应付款，另一方面应同时将未确认的融资费用按一定的方法确认为当期融资费用。

在分摊未确认融资费用时，根据《企业会计准则第 21 号——租赁》的规定，承租人应当采用实际利率法。根据租赁开始日租赁资产和负债的入账价值的基础不同，融资费用分摊率的选择也不同。未确认融资费用的分摊率的确定具体分为下列几种情况，如图 3－1 所示。

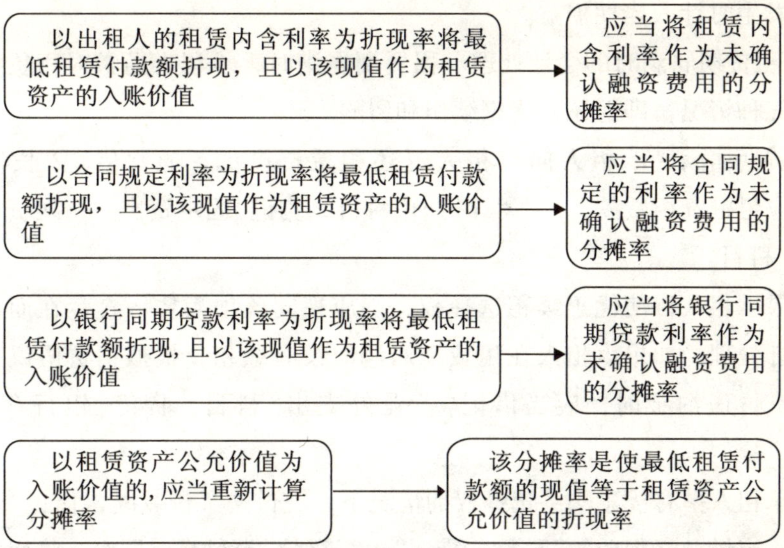

图 3－1　未确认融资费用分摊率的确定

存在优惠购买选择权的，在租赁期届满时，未确认融资费用应全部摊销完毕，租赁负债应当减少至优惠购买金额。在承租人或与其有关的第三方对租赁资产提供了担保的情况下，在租赁期届满时，未确认融资费用应当全部摊销完毕，租赁负债还应减少至担保余值。

担保余值，就承租人而言，是指由承租人或与其有关的第三方担保的资产余值。其中，资产余值是指在租赁开始日估计的租赁期届满时租赁资产的公允价值。为了促使承租人谨慎使用租赁资产，尽量减少出租人自身的风险和损失，租赁协议有时要求承租人或与其有关的第三方对租赁资产的余值进行担保，此时的担保余值是针对承租人而言的。除此以外，担保人还可能是与承租人和出租人均无关、但在财务上有能力担保的第三方，如担保公司，此时的担保余值是针对出租人而言的。

③ 履约成本的会计处理。履约成本，是指租赁期内为租赁资产支付的各种使用费用，如技术咨询和服务费、人员培训费、维修费、保险费等。承租人发生的履约成本通常应计入当期损益。

④ 或有租金的会计处理。或有租金是指金额不固定、以时间长短以外的其他因素(如销售量、使用量、物价指数等)为依据计算的租金。由于或有租金的金额不固定，无法采用系统合理的方法对其进行分摊，因此，或有租金

在实际发生时计入当期损益。

⑤ 租赁期届满时的会计处理。租赁期届满时，承租人通常对租赁资产的处理有三种情况，即返还、优惠续租和留购。

租赁期届满，承租人向出租人返还租赁资产的，通常借记“长期应付款——应付融资租赁款”、“ 累计折旧”科目，贷记“固定资产——融资租入固定资产”科目。

如果承租人行使优惠续租选择权，则应视同该项租赁一直存在而作出相应的会计处理。如果承租人在租赁期届满时没有续租，根据租赁协议规定向出租人支付违约金时，应当借记“营业外支出”科目，贷记“银行存款”等科目。

在承租人享有优惠购买选择权的情况下，支付购买价款时，借记“长期应付款——应付融资租赁款”科目，贷记“银行存款”等科目；同时，将固定资产从“融资租赁固定资产”明细科目转入有关明细科目。

【例3－10】2011年12月28日，甲公司与乙租赁公司签订了一份租赁合同。合同主要条款如下。

(1)租赁标的物：数控机床。

(2)租赁期开始日：租赁物运抵甲公司生产车间之日，即2012年1月1日。

(3)租赁期：从租赁期开始日算起36个月，即2012年1月1日至2014年12月31日。

(4)租金支付方式：自租赁期开始日起每年年末支付租金90 000元。

(5)该机床在2012年1月1日的公允价值为250 000元。

(6)租赁合同规定的利率为8%(年利率)。

(7)该机床为全新设备，估计使用年限为5年，不需要安装调试。

(8)2013年和2014年，甲公司每年按该机床所生产产品的年销售收入的1%向乙租赁公司支付经营分享收入。

甲公司在租赁谈判和签订租赁合同过程中发生可归属于租赁项目的手续费、差旅费980元。2013年和2014年，甲公司使用该数控机床生产产品的销售收入分别为800 000元和1 000 000元。2013年12月31日，甲公司以银行存款支付该机床的维护费280元。2014年12月31日，甲公司将该机床退还乙租赁公司。

甲公司（承租人）的会计处理如下。

① 租赁开始日的会计处理。

第一步，判断租赁类型。

本例中，租赁期（3年）占租赁资产尚可使用年限（5年）的60%（小于75%），没有满足融资租赁的第三条判断标准；最低租赁付款额的现值为231 939元（计算过程见下文），大于租赁资产公允价值的90%，即225 000元（250 000×90%），满足融资租赁的第四条判断标准，因此，甲公司应当将该项租赁认定为融资租赁。

第二步，计算租赁开始日最低租赁付款额的现值，确定租赁资产的入账价值。

本例中甲公司不知道出租人的租赁内含利率，因此，应选择租赁合同规定的利率8%作为最低租赁付款额的折现率。

最低租赁付款额＝各期租金之和＋承租人担保的资产余值＝90 000×3＋0＝270 000（元）。

最低租赁付款额的现值＝90 000×（P/A，8%，3）＝90 000×2.5771＝231 939（元），小于租赁资产的公允价值250 000元。

根据《企业会计准则第21号——租赁》规定的孰低原则，租赁资产的入账价值应为其折现值231 939元，加上初始直接费用980元，即232 919元。

第三步，计算未确认融资费用。

未确认融资费用＝最低租赁付款额－最低租赁付款额现值＝270 000－231 939＝38 061（元）。

第四步，进行具体账务处理。

借：固定资产——融资租入固定资产——数控机床　　232 919

　　未确认融资费用　　38 061

贷：长期应付款——乙租赁公司——应付融资租赁款　　270 000

银行存款　　980

② 分摊未确认融资费用的会计处理。

第一步，确定融资费用分摊率。

由于租赁资产的入账价值为其最低租赁付款额的折现值，因此，该折现率就是其融资费用分摊率，即8%。

第二步，在租赁期内采用实际利率法分摊未确认融资费用（如表3-2所示）。

表3-2　租赁期内未确认融资费用的确认

单位：元

日期	租金	确认的融资费用	应付本金减少额	应付本金余额
(1) 2012年1月1日				231 939
(2) 2012年12月31日	90 000	18 555.12	71 444.88	160 494.12
(3) 2013年12月31日	90 000	12 839.53	77 160.47	83 336.65
(4) 2014年12月31日	90 000	6 666.35 *	83 333.65	0
合计	270 000	38 061	2 319 390	——

* 尾数调整：90 000 - 83 333.65 = 6 666.35（元）

第三步，进行具体账务处理。

2012年12月31日，支付第一期租金时：

借：长期应付款——乙租赁公司——应付融资租赁款　　90 000

贷：银行存款　　90 000

2012年1月至12月，每月分摊未确认融资费用时：

每月财务费用 = 18 555.12 ÷ 12 = 1 546.26（元）

借：财务费用　　1 546.26

贷：未确认融资费用　　1 546.26

2013年12月31日，支付第二期租金时：

借：长期应付款——乙租赁公司——应付融资租赁款　　90 000

贷：银行存款　　90 000

2013 年 1 月至 12 月，每月分摊未确认融资费用时：

每月财务费用 = 12 839.53 ÷ 12 = 1 069.96（元）

借：财务费用 1 069.96

贷：未确认融资费用 1 069.96

2014 年 12 月 31 日，支付第三期租金时：

借：长期应付款——乙租赁公司——应付融资租赁款 90 000

贷：银行存款 90 000

2014 年 1 月至 12 月，每月分摊未确认融资费用时：

每月财务费用 = 6 666.35 ÷ 12 = 555.53（元）

借：财务费用 555.53

贷：未确认融资费用 555.53

③ 履约成本的会计处理。

2013 年 12 月 31 日，甲公司发生该机床的维护费 280 元时：

借：管理费用 280

贷：银行存款 280

④ 或有租金的会计处理。

2013 年 12 月 31 日，根据合同规定，甲公司应向乙租赁公司支付经营分享收入 8 000 元。

借：销售费用 8 000

贷：其他应付款——乙租赁公司 8 000

2014 年 12 月 31 日，根据合同规定，甲公司应向乙租赁公司支付经营分享收入 10 000 元。

借：销售费用 10 000

贷：其他应付款——乙租赁公司 10 000

⑤ 租赁期届满时的会计处理。

2014 年 12 月 31 日，甲公司将该机床退还乙租赁公司时：

借：累计折旧 232 919

贷：固定资产——融资租入固定资产——数控机床 232 919

2. 具有融资性质的延期付款购买资产

企业购买资产有可能延期支付有关价款。如果延期支付的购买价款超过正常信用条件，实质上具有融资性质的，所购资产的成本应当以延期支付购买价款的现值为基础确定。实际支付的价款与购买价款的现值之间的差额，应当在信用期间内采用实际利率法进行摊销，符合资本化条件的，计入相关资产成本，否则计入当期损益。其账务处理为：企业购入资产超过正常信用条件延期付款实质上具有融资性质时，应按购买价款的现值，借记“固定资产”、“在建工程”等科目，按应支付的价款总额，贷记“长期应付款”科目，按其差额，借记“未确认融资费用”科目。按期支付价款，借记“长期应付款”科目，贷记“银行存款”科目。

【例 3－11】甲公司购入价值100万的固定资产，首付价款40万，税款17万随首付一次付清，并取得全款发票，余款分两年付清，每月多付2 500元利息。

① 甲公司延期付款具有融资性质，其会计处理如下：

借：固定资产	1 000 000	
应交税费——应交增值税(进项税额)	170 000	
贷：银行存款		5 700 000
应付账款		6 000 000

② 将“应付账款”60万转入“长期应付款”：

借：应付账款	600 000	
未确认融资收益	60 000	
贷：长期应付款		660 000

③ 每月付款时：

借：长期应付款	27 500	
贷：银行存款		27 500

同时，

摊销结转未确认融资收益：

借：财务费用	2 500	
贷：未确认融资收益		2 500

第三节　混合性融资及会计处理

一、可转换公司债券融资及会计处理

（一）初始确认

我国发行可转换公司债券采取记名式无纸化发行方式。企业发行的可转换公司债券，既含有负债成份又含有权益成份，根据《企业会计准则第37号——金融工具列报》的规定，应当在初始确认时将负债和权益成份进行分拆，分别进行处理。

企业在进行分拆时，应当先确定负债成分的公允价值并以此作为其初始确认金额，确认为应付债券；再按照该可转换公司债券整体的发行价格扣除负债成份初始确认金额后的金额，确定权益成份的初始确认金额，确认为资本公积。负债成份的公允价值是合同规定的未来现金流量按一定利率折现的现值。其中，利率根据市场上具有可比信用等级并在相同条件下提供几乎相同的现金流量，但不具有转换权工具的适用利率确定。发行该可转换公司债券发生的交易费用，应当在负债成份和权益成份之间按照其初始确认金额的相对比例进行分摊。

（二）账务处理

企业发行的可转换公司债券在“应付债券”科目下设置“可转换公司债券”明细科目核算。企业应按实际收到的款项，借记“银行存款”等科目，按可转换公司债券包含的负债成份面值，贷记“应付债券——可转换公司债券（面值）”科目，按权益成份的公允价值，贷记“资本公积——其他资本公积”科目，按其差额，借记或贷记“应付债券——可转换公司债券（利息调整）”科目。

对于可转换公司债券的负债成份，在转换为股份前，其会计处理与一般公司债券相同，即按照实际利率和摊余成本确认利息费用，按照面值和票面利率确认应付债券或应付利息，差额作为利息调整。

可转换公司债券持有人行使转换权利，将其持有的债券转换为股票的，按可转换公司债券的余额，借记“应付债券——可转换公司债券（面值）”科目，借记或贷记“应付债券——可转换公司债券(利息调整)”科目，按其权益成份的金额，借记“资本公积——其他资本公积”科目，按股票面值和转换的股数计算的股票面值总额，贷记“股本”科目，按其差额，贷记“资本公积——股本溢价”科目。如用现金支付不可转换股票的部分，还应贷记“库存现金 ”、“银行存款”等科目。

【例3－12】某上市公司经批准于2010年1月1日按每份面值100元发行了100 000份5年期一次还本付息的可转换公司债券，共计10 000 000元，款项已收存银行，债券票面年利率为6%。债券发行一年后可转换为该上市公司的普通股股票，转股时每份债券可转10股，股票面值为每股1元。假定2011年1月1日债券持有人将持有的可转换公司债券全部转换为该上市公司的普通股股票。该上市公司发行可转换公司债券时，二级市场上与之类似的没有转换权的债券市场利率为9%。该可转换公司债券发生的利息费用不符合资本化条件。

该上市公司有关可转换公司债券的账务处理如下。

① 2010年1月1日，发行可转换公司债券时，

首先，确定可转换公司债券负债成份的公允价值：

10 000 000×(P/S，9%，5)+10 000 000×6%×(P/A，9%，5)

=10 000 000×0.6499+10 000 000×6%×3.8 897=8 832 820 (元)

可转换公司债券权益成份的公允价值=10 000 000－8 832 820=1 167 180(元)

借：银行存款　　10 000 000

　　应付债券——可转换公司债券(利息调整)　　1 167 180

　　贷：应付债券——可转换公司债券(面值)　　10 000 000

　　　　资本公积——其他资本公积　　1 167 180

② 2010年12月31日，确认利息费用时：

应计入财务费用的利息=8 832 820×9%=794 953.8(元)

当期应付未付的利息费用=10 000 000×6%=600 000(元)

借：财务费用　　794 953.8

贷：应付债券——可转换公司债券(应计利息) 600 000

——利息调整 194 953.8

③ 2011 年 1 月 1 日，债券持有人行使转换权时：

债券持有人在当期付息前转换股票，应按债券面值和应计利息之和除以 10，计算转换的股份数。

转换的股份数 =(10 000 000 +600 000)) ÷10 =1 060 000(股)

借：应付债券——可转换公司债券(面值) 10 000 000

——应计利息 600 000

资本公积——其他资本公积 1 167 180

贷：股本 1 060 000

应付债券——可转换公司债券(利息调整) 972 226.2

资本公积——股本溢价 9 734 953.8

企业发行附有赎回选择权的可转换公司债券，其在赎回日可能支付的利息补偿金，即债券约定赎回期届满日应当支付的利息减去应付债券票面利息的差额，应当在债券发行日至债券约定赎回届满日期间计提应付利息，计提的应付利息分别计入相关资产成本或财务费用。

二、股份支付及会计处理

(一)股份支付的定义和分类

股份支付是指企业为获取职工和其他方提供的服务而授予权益工具或者承担以权益工具为基础确定的负债的交易。股份支付分为以权益结算的股份支付和以现金结算的股份支付。

按照股份支付的方式和工具类型可分为以下几种。

1. 以权益结算的股份支付

以权益结算的股份支付，是指企业为获取服务而以股份或其他权益工具作为对价进行结算的交易。以权益结算的股份支付最常用的工具有两类：限制性股票和股票期权。

限制性股票是指职工或其他方按照股份支付协议规定的条款和条件，从企业获得一定数量的股票。企业授予职工一定数量的股票，在一个确定的等待期内或在满足特定业绩指标之前，职工出售股票要受到持续服务期限条款或业绩条件的限制。股票期权是指企业授予职工或其他方在未来一定期限内以预先确定的价格和条件购买本企业一定数量股票的权利。

2. 以现金结算的股份支付

以现金结算的股份支付，是指企业为获取服务而承担的以股份或其他权益工具为基础计算的交付现金或其他资产的义务的交易。以现金结算的股份支付最常用的工具有：模拟股票和现金股票增值权。

股票增值权和模拟股票是用现金支付模拟的股权激励机制，即与股票挂钩，但用现金支付。除不需实际行权和持有股票之外，现金股票增值权的运作原理与股票期权是一样的，都是一种增值权形式的与股票价值挂钩的薪酬工具。除不需实际授予股票和持有股票之外，模拟股票的运作原理与限制性股票是一样的。

（二）股份支付的确认和计量

1. 权益结算的股份支付的确认和计量原则

（1）换取职工服务的股份支付的确认和计量原则。对于换取职工服务的股份支付，企业应当以股份支付所授予的权益工具的公允价值计量。企业应在等待期内的每个资产负债表日，以可行权权益工具数量的最佳估计为基础，按照权益工具在授予日的公允价值，将当期取得的服务计入相关资产的成本或当期费用，同时，计入资本公积中的其他资本公积。

对于授予后立即可行权的换取职工提供服务的权益结算的股份支付，例如授予限制性股票的股份支付，应在授予日按照权益工具的公允价值，将取得的服务计入相关资产的成本或当期费用，同时，计入资本公积中的股本溢价。

（2）换取其他方服务的股份支付的确认和计量原则。对于换取其他方服务的股份支付，企业应当以股份支付所换取的服务的公允价值计量。企业应当按照其他方服务在取得日的公允价值，将取得的服务计入相关资产的成本或费用。

如果其他方服务的公允价值不能够可靠计量，但权益工具的公允价值能够可靠计量，企业应当按照权益工具在服务取得日的公允价值，将取得的服务计入相关资产的成本或费用。

(3)权益工具公允价值无法可靠确定时的处理。在极少数情况下，授予权益性工具的公允价值无法可靠计量，企业应在获取服务的时点、后续的每个资产负债表日和结算日，以内在价值计量该权益工具，内在价值的变动应计入当期损益。同时，企业应以最终可行权或实际行权的权益工具的数量为基础，确认取得服务的金额。内在价值是指交易双方有权认购或取得的股份的公允价值与其按照股份支付协议应当支付的价格间的差额。

企业对上述以内在价值计量的已授予权益工具进行结算，应当遵循以下要求：

(1)结算发生在等待期内的，企业应当将结算作为加速可行权处理，即立即确认本应于剩余等待期内确认的服务金额。

(2)结算时支付的款项应当作为回购该工具处理，即减少所有者权益，结算支付的款项高于该权益工具在回购日内在价值的部分，计入当期损益。

2. 现金结算股份支付的确认和计量原则

企业应当在等待期内的每个资产负债表日，以对可行权情况的最佳估计数为基础，按照企业承担负债的公允价值，将当期取得的服务计入相关资产的成本或当期费用，同时计入负债，并在结算前的每个资产负债表日和结算日，对负债的公允价值重新计算，将其变动计入损益。

对于授予后立即可行权的现金结算的股份支付，例如授予虚拟股票或业绩股票的股份支付，企业应当在授予日按照企业承担负债的公允价值计入相关资产的成本或费用，同时计入负债，并在结算前的每个资产负债表日和结算日对负债的公允价值重新计量，将其变动计入损益。

【例 3－13】甲公司为一上市公司。2008 年 1 月 1 日，公司向其 200 名管理人员每人授予 100 股的股票期权，这些职员从 2008 年 1 月 1 日起在该公司连续服务 3 年，即可以 5 元每股购买 100 股甲公司的股票。公司估计该期权在授予日的公允价值为 16 元。

第一年有20名职员离开甲公司，甲公司估计三年内离开的职员的比例将达到20%；第二年又有10名职员离开公司，公司将估计的职员离开比例修正为15%；第三年又有15名职员离开。

(1)费用和资本公积计算过程如表3－3所示。

表3－3 甲公司股份支付费用确认表

单位：元

年份	计算	当期费用	累计费用
2008	200×100×(1－20%)×21×1/3	112 000	112 000
2009	200×100×(1－15%)×21×2/3－112 000	126 000	238 000
2010	155×100×21－238 000	87 500	325 500

(2)有关的账务处理如下。

① 2008年1月1日：

授予日不做账务处理。

② 2008年12月31日：

借：管理费用　112 000

　贷：资本公积——其他资本公积　112 000

③ 2009年12月31日：

借：管理费用　126 000

　贷：资本公积——其他资本公积　126 000

④ 2010年12月31日：

借：管理费用　87 500

　贷：资本公积——其他资本公积　87 500

⑤ 假设155名职员都在2011年12月31日行权，甲公司股份面值为1元：

借：银行存款　77 500

　资本公积——其他资本公积　325 500

　贷：股本　15 500

　　资本公积——资本溢价　387 500

【例3－14】2006年11月，乙公司董事会批准了一项股份支付协议。协议规定，2007年1月1日，公司为其200名中层以上管理人员每人授予100份现金股票增值权，这些管理人员必须在该公司连续服务3年，即可自2009年12月31日起根据股价的增长幅度行权获得现金。该股票增值权应在2011年12月31日之前行使完毕。乙公司估计，该股票增值权在负债结算之前每一个资产负债表日以及结算日的公允价值和可行权后的每份股票增值权现金支出额如表3－4所示。

表3－4　乙公司股份支付期间股票的公允价值

单位：元

年份	公允价值	支付现金
2007	14	
2008	15	
2009	18	16
2010	21	20
2011		25

第一年有20名管理人员离开乙公司，乙公司估计三年中还将有15名管理人员离开；第二年又有10名管理人员离开公司，公司估计还将有10名管理人员离开；第三年又有15名管理人员离开。假定：第三年末有70人行使了股份增值权，第四年末有50人行使了股份增值权，第五年末剩余35人全部行使了股份增值权。

(1)费用和应付职工薪酬计算过程如表3－5所示。

表3－5　乙公司股份支付的费用确认

单位：元

年份	负债计算(1)	支付现金(2)	当期费用(3)
2007	(200－35)×100×14×1 / 3＝77 000		77 000
2008	(200－40)×100×15×2 / 3＝160 000		83 000
2009	(200－45－70)×100×18＝153 000	700×100×16＝112 000	105 000

（续表）

年份	负债计算(1)	支付现金(2)	当期费用(3)
2010	(200 - 45 - 70 - 50) × 100 × 21 = 73 500	50 × 100 × 20 = 100 000	20 500
2011	73 500 - 73 500 = 0	35 × 100 × 25 = 875 000	14 000
总额		299 500	299 500

其中：本期(3) = 本期(1) - 上期(1) + 本期(2)

(2)有关账务处理如下。

①2007 年 1 月 1 日：

授予日不作处理。

②2007 年 12 月 31 日：

借：管理费用　77 000

　贷：应付职工薪酬——股份支付　77 000

③2008 年 12 月 31 日：

借：管理费用　83 000

　贷：应付职工薪酬——股份支付　83 000

④2009 年 12 月 31 日：

借：管理费用　105 000

　贷：应付职工薪酬——股份支付　105 000

借：应付职工薪酬——股份支付　112 000

　贷：银行存款　112 000

⑤2010 年 12 月 31 日：

借：公允价值变动损益　20 500

　贷：应付职工薪酬——股份支付　20 500

借：应付职工薪酬——股份支付　100 000

　贷：银行存款　100 000

⑥2011 年 12 月 31 日：

借：公允价值变动损益　14 000

　贷：应付职工薪酬——股份支付　14 000

借：应付职工薪酬——股份支付　87 500

　贷：银行存款　87 500

第四章　项目投资评价与投资决策

第一节　项目投资概述

项目投资指以特定建设项目为投资对象的一种长期投资行为。与其他形式的投资相比，项目投资具有投资内容独特(每个项目都至少涉及到一项形成固定资产的投资)、投资数额大、影响时间长(至少 1 年或一个营业周期以上)、发生频率低、变现能力差和投资风险高的特点。

项目投资具有十分重要的意义。

从宏观角度看：项目投资是实现社会财富积累的主要途径，也是扩大社会再生产的重要手段，有助于促进社会经济的长期可持续发展；同时，增加项目投资能够为社会提供更多的就业机会，提高社会总供给量，能够满足社会需求的不断增长，进而最终拉动社会消费的增长。

从微观角度看：投资者通过项目投资，可以扩大其资本积累规模，提高收益能力和抵御风险的能力，不断增强经济实力；投资者通过自主研发和购买知识产权，结合投资项目的实施，实现科技成果的商品化和产业化，也可以不断地获得技术产权，增强研发创新能力；项目投资有助于促进投资者自觉按市场规律办事，不断提升市场竞争力。

第二节　投资项目的财务可行性指标

一、财务可行性要素的估算

财务可行性要素是指在项目的财务可行性评价过程中，计算一系列财务可行性评价指标所必须予以充分考虑的、与项目直接相关的、能够反映项目投入产出关系的各种主要经济因素的统称。财务可行性要素通常应具备重要性、可计量性、时间特征、效益性、收益性、可预测性和直接相关性等特征。

财务可行性评价的重要前提，是按照一定定量分析技术估算所有的财务可行性要素，进而才能计算出有关的财务评价指标。

(一)投入类财务可行性要素的估算

投入类财务可行性要素包括以下四项内容：① 在建设期发生的建设投资。② 在建设期期末或运营期前期发生垫支的流动资金投资。③ 在运营期发生的经营成本(付现成本)。④ 在运营期发生的各种税金(包括营业税金及附加和企业所得税)。其内容如图4－1所示。

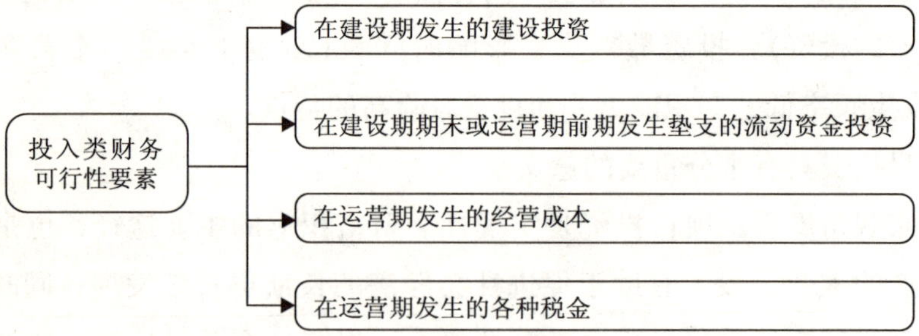

图4－1 投入类财务可行性要素的内容

1. 建设投资的估算

建设投资是建设期发生的主要投资，本文主要按形成资产法，即分别按形成固定资产的费用、形成无形资产的费用和形成其他资产投资的费用和预备费四项内容进行详细介绍。

形成资产法估算精度较高、应用较为广泛的一种估算方法。

(1)形成固定资产费用的估算。形成固定资产的费用是项目直接用于购置或安装固定资产应当发生的投资，具体包括：建筑工程费、设备购置费、安装工程费和固定资产其他费用。任何建设项目都至少要包括一项形成固定资产费用的投资。形成固定资产费用的资金投入方式，可根据各项工程的工期安排和建造方式确定。

为简化处理，当建设期为零(即取得的固定资产不需要建设和安装)或建设期不到1年，且为自营建造时，可假定预先在建设起点一次投入全部相关资金；当建设期达到或超过 1 年，且为自营建造时，可假定在建设起点和以后各年年初分次投入相关资金；当建设期达到或超过 1 年，且为出包建造时，可假定在建设起点和建设期末分次投入相关资金。

【例 4－1】甲公司拟新建一个固定资产投资项目，土石方建筑工程总量为 10 万立方米，同类单位建筑工程投资为 25 元/立方；拟建厂房建筑物的实物工程量为 2 万立方米，预算单位造价为 1 200 元/立方米。根据上述资料，可估算该项目各项指标如下：

该项目的土石方建筑工程投资 =25×10=250(万元)；

该项目的厂房建筑物工程投资 =1 200×2=2 400(万元)；

该项目的建筑工程费 =250+2 400=2 650(万元)。

(2)形成无形资产费用的估算。形成无形资产的费用是指项目直接用于取得专利权、商标权、非专利技术、土地使用权和特许权等无形资产而应当发生的投资。虽然商誉和著作权也属于无形资产的范畴，但新建项目通常不涉及这些内容，故在进行可行性研究时对其不予考虑。形成无形资产费用的资金投入方式，通常假定在建设期取得时一次投入。

① 专利权和商标权的估算。在可行性研究中，应先确认项目是否通过外购或接受投资方式取得上述产权的合法所有权。如果只是短期取得某项专利权或商标的使用权，就不能将其作为无形资产进行评估；若可通过外购方式取得上述产权，则可按预计的取得成本估算；若属于投资转入，则可按约定作价或评估价进行估算。新建项目通常很少发生自创专利权和商标权的情况，若确有发生，可按成本法或市价法进行估算。

② 非专利技术的估算。可根据非专利技术的取得方式分别对待：若从外部一次性购入，可按取得成本估算；若作为投资转入，可按市价法或收益法进行估算。

③ 土地使用权的估算。可按土地使用权的不同取得方式估算。如通过有偿转让方式取得土地使用权，则应按照预计发生的取得成本，即土地使用权出让金估算；若属于投资方投资转入的土地使用权，可按投资合同或协议约定的价值，也可按公允价值估算。

按我国《企业会计准则》规定，用于企业自行开发建造厂房建筑物的土地使用权，不得列作固定资产的价值。

④ 特许权的估算。在项目可行性研究中，对项目有偿取得的永久或长期使用的特许权，按取得成本进行估算。

(3)形成其他资产费用的估算。形成其他资产的费用是指建设投资中除形成固定资产和无形资产的费用以外的部分，包括生产准备费和开办费两项内容。生产准备费的资金投入方式，可假定在建设期末一次投入。开办费的资金投入方式，可假定在建设期内分次投入。

① 生产准备费的估算。生产准备费是指新建项目或新增生产能力的企业为确保投产期初期进行必要的生产准备而应发生的费用，包括职工培训费、提前进厂熟悉工艺及设备性能人员的相关费用。生产准备费可按需要培训和预计培训费标准，以及需要提前进厂的职工人数和相关费用标准进行估算；也可按工程费用和生产准备费率估算。

② 开办费的估算。开办费是指在企业筹建期发生的、不能计入固定资产和无形资产，也不属于生产准备费的各项费用，可按工程费用和开办费率估算。

(4)预备费的估算。预备费又称不可预见费，是指在可行性研究中难以预料的投资支出，包括基本预备费和涨价预备费。预备费的资金投入方式，可假定在建设期末一次性投入。

① 基本预备费的估算。基本预备费是指由于建设期发生一般自然灾害而带来的工程损失，或为防范自然灾害而采取措施追加的投资，又称工程建设不可预见费。可按以下公式进行估算：

基本预备费 = (形成固定资产的费用 + 形成无形资产的费用 + 形成其他资产的费用) × 基本预备费率

② 涨价预备费的估算。涨价预备费是指为应付建设期内可能发生的通货膨胀而预留的投资，又称价格上涨不可预见费。涨价预备费通常要根据工程费用和建设期预计通货膨胀率来估算。

【例 4-2】甲公司拟建的生产线项目，需要在建设期内投入形成固定资产的费用 400 万元；支付购买一项专利权 20 万元，支付购买一项非专利技术 15 万元；投入开办费 8 万元，预备费 40 万元，假定不考虑融资方案的建设期资本化利息。根据上述资料，可估算出该项目的以下指标：

该项目形成无形资产的费用 = 20 + 15 = 35（万元），

该项目形成其他资产的费用为 8 万元；

该项目的建设投资 = 400 + 35 + 8 + 40 = 483（万元）；

该项目的固定资产原值 = 400 + 0 + 40 = 440（万元）。

2. 流动资金投资的估算

对流动资金投资的估算本文详细介绍分项详细估算法。所谓分项详细估算法，是指根据投资项目在运营期内主要流动资产和流动负债要素的最低周转天数和预计周转额分别估算每一流动项目的占用额，进而确定各年流动资金投资的一种方法。流动资金投资属于垫付周转金，其资金投入方式包括一次投入和分次投入两种形式。在理论上，投产第一年所需的流动资金应在项目投产前安排，即第一次投资应发生在建设期末，以后分次投资则陆续发生在运营期内前若干年的年末。

（1）分项详细估算法的基本公式。

流动资金需用额 = 该年流动资产需用额 - 该年流动负债需用额

某年流动资金投资额（垫支款）= 本年流动资金需用额 - 截止上年的流动资金投资额 = 本年流动资金需用额 - 上年流动资金需用额

【例 4-3】甲公司拟建的生产线项目，预计投产第一年的流动资产需用额为 35 万元，流动负债需用额为 15 万元，假定该项投资发生在建设期末；预计投产第二年流动资产需用额为 48 万元，流动负债需用额为 23 万元，假定该项投资发生在投产后第一年年末。根据上述资料，可估算该项目的各项指标如下：

投产第一年的流动资金需用额 = 35 - 15 = 20（万元），

第一次流动资金投资额 = 20 - 0 = 20（万元）；

投产第二年的流动资金需用额 = 48 - 23 = 25（万元），

第二次流动资金投资额 = 25 − 20 = 5（万元）；

流动资金投资合计 = 20 + 5 = 25（万元）。

（2）周转天数、周转次数、周转额与资金需用额的概念及其关系。某一流动项目的周转天数是指该项目的资金从其原始形态开始，依次经过各个循环阶段回到出发点，完成一次循环所需要的天数。最低周转天数则是在所有生产经营条件最为有利的情况下，完成一次周转所需要的天数。某一流动项目的周转次数，是指该项目在 1 年内（为简化计算，假定 1 年按 360 天计）完成单一循环的次数。以上所述可以下式表示：

1 年内最多周转次数 = 360/最低周转天数

周转次数 = 360/周转天数

某一流动项目的周转额，是指该项目所占用资金在 1 年内由于不断周转而形成的累计发生额。某一流动项目的需用额，是指该项目在任何一个时点上都至少要以其原始形态存在的价值量，它相当于该流动项目原始的投资额。资金需用额与周转额的关系如下：

某一流动项目的资金需用额 = 该项目的周转额/该项目的最多周转次数

3. 经营成本的估算

不论什么类型的投资项目，在运营期都要发生经营成本，它的估算与具体的融资方案无关。经营成本本来属于时期指标，为简化计算，可假定其发生在运营期各年的年末。经营成本有加法和减法两种估算公式：

某年经营成本 = 该年外购原材料、燃料和动力费 + 该年工资及福利费 + 该年修理费 + 该年其他费用

某年经营成本 = 该年不包括财务费用的总成本费用 − 该年折旧费 − 该年无形资产和其他资产的摊销额

上式中，折旧额和摊销额可根据本项目的固定资产原值、无形资产和其他资产数据，以及这些项目的折旧年限和摊销年限进行测算，不包括财务费用的总成本费用，可按照运营期内一个标准年份的正常产销量和预计成本消耗水平进行测算，其计算公式为：

某年不包括财务费用的总成本费用 = 该年固定成本（含费用）+ 单位变动

成本(含费用)×该年预计产销量

上述成本中既不包括固定性的财务费用，也不包括变动性的财务费用。

【例4-4】甲公司拟建的生产线项目，预计投产后第1年外购原材料、燃料和动力费为49万元，工资及福利费为24.14万元，其他费用为4万元，年折旧费为20万元，无形资产摊销费为5万元，开办费、摊销费为7万元；第2~5年每年外购原材料、燃料和动力费为65万元，工资及福利费为35万元，其他费用为10万元，每年折旧费为20万元，无形资产摊销费为5万元；第6~20年每年不包括财务费用的总成本费用为160万元，其中，每年外购原材料、燃料和动力费为90万元，每年折旧费为20万元，无形资产摊销费为0万元。

根据上述资料，估算该项目投产后各年的经营成本和不包括财务费用的总成本费用指标如下：

① 投产后第1年的经营成本=49+24.14+4=77.14(万元)；

投产后第2~5年每年的经营成本=65+35+10=110(万元)；

投产后第6~20年每年的经营成本=160-20-0=140(万元)；

② 投产后第1年不包括财务费用的总成本费用=77.14+(20+5+7)=109.14(万元)；

投产后第2~5年每年不包括财务费用的总成本费用=110+(20+5+0)=135(万元)。

4. 运营期相关税金的估算

在进行财务可行性评价中，需要估算的运营期相关税金包括营业税金及附加和调整所得税两项因素。为简化计算，假定它们都发生在运营期各年的年末。

营业税金及附加的估算，需要通盘考虑项目投产后在运营期内应交纳的营业税、消费税、土地增值税、资源税、城市维护建设税和教育费附加等因素；尽管应交增值税不属于营业税金的范畴，但在估算城市维护建设税和教育费附加时，还要考虑应交增值税的因素。但是增值税属于价外税，不属于投入类财务可行性要素，其本身并不属于营业税金及附加中的项目。

（二）产出类财务可行性要素的估算

产出类财务可行性要素包括以下四项内容：① 在运营期发生的营业收入。② 在运营期发生的补贴收入。③ 通常在项目计算期末回收的固定资产余值。④ 通常在项目计算期末回收的流动资金。产出类财务可行性要素的内容如图 4－2 所示。

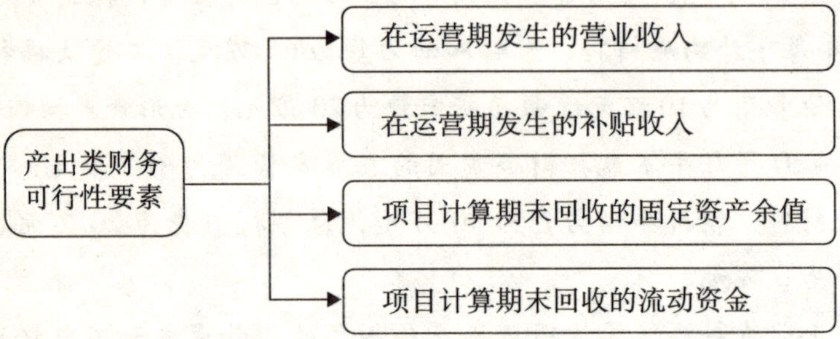

图 4－2　产出类财务可行性要素的内容

1. 营业收入的估算

营业收入应按项目在运营期内有关产品的各年预计单价和预测销售量进行估算。营业收入也属于时期指标，为简化计算，假定营业收入发生于运营期各年的年末。在项目只生产经营一种产品的条件下，营业收入的估算公式为：

年营业收入＝该年产品不含税单价×该年产品的产销量

【例 4－5】甲公司拟建的生产线项目只生产一种产品，假定该产品的销售单价保持为 1 000 元/件的水平，预计投产后各年的产销量数据如下：第 1 年为 1 870 件，第 2～5 年每年为 2 200 件，第 6～20 年每年为 3 500 件。根据上述资料，估算该项目各项指标如下：

投产后第 1 年营业收入＝1 000×1 870＝187（万元）；

投产后第 2～5 年每年营业收入＝1 000×2 200＝220（万元）；

投产后第 6～20 年每年营业收入＝1 000×3 500＝350（万元）。

2. 补贴收入的估算

补贴收入是与运营期收益有关的政府补贴，可根据按政策退还的增值税、按销量或工作量分期计算的定额补贴和财政补贴等予以估算。

3. 固定资产余值的估算

在进行财务可行性评价时，假定主要固定资产的折旧年限等于运营期，则终结点回收的固定资产余值等于该主要固定资产的原值与其法定净残值率的乘积，或按事先确定的净残值确定；在运营期内，因更新改造而提前回收的固定资产余值等于其折余价值与预计可变现净收入之差。

4. 回收流动资金的估算

当项目处于终结点时，所有垫付的流动资金都将退出周转，因此，在假定运营期内不存在因加速周转而提前回收流动资金的前提下，终结点一次回收的流动资金必然等于各年垫支的流动资金投资额的合计数。在进行财务可行性评价时，将在终结点回收的固定资产余值和流动资金统称为回收额。

二、投资项目财务可行性评价指标

（一）财务可行性评价指标的类型

财务可行性评价指标，是指用于衡量投资项目财务效益大小和评价投入产出关系是否合理，以及评价其是否具有财务可行性所依据的一系列量化指标的统称。由于这些指标不仅可以用于评价投资方案的财务可行性，而且还可以与不同的决策方法相结合，作为多方案比较与选择决策的量化标准与尺度，因此，在实践中又称为财务投资决策评价指标，简称评价指标。

财务可行性评价指标很多，但主要包含静态投资回收期、总投资收益率、净现值、净现值率和内部收益率等指标。财务可行性评价指标的具体分类如图4－3所示。

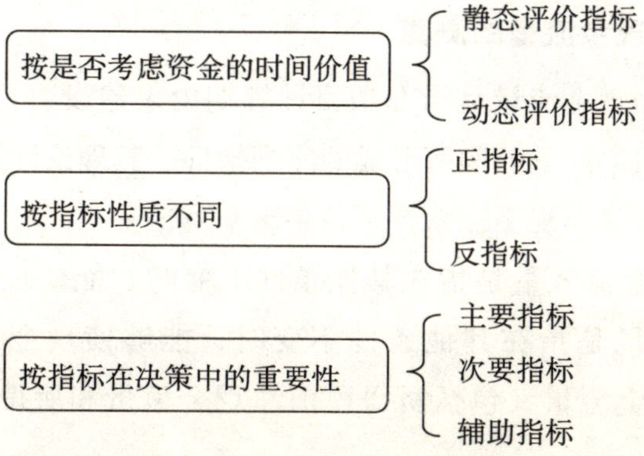

图4－3　财务可行性评价指标的分类

1. 按照是否考虑资金时间价值：静态评价指标和动态评价指标

静态评价指标是指在计算过程中不考虑资金时间价值因素的指标，包括总投资收益率和静态投资回收期；动态评价指标是指在计算过程中充分考虑和利用资金时间价值因素的指标。

2. 按指标性质不同：正指标和反指标

正指标是指在一定范围内越大越好的指标；反指标是指在一定范围内越小越好的指标。在静态投资回收期、总投资收益率、净现值、净现值率和内部收益率几个指标中，只有静态投资回收期属于反指标。

3. 按指标在决策中的重要性：主要指标、次要指标和辅助指标

净现值、内部收益率等为主要指标；静态投资回收期为次要指标；总投资收益率为辅助指标。

从总体看，计算财务可行性评价指标需要考虑的因素包括：财务可行性要素、项目计算期的构成、时间价值和投资风险。其中，前两项因素是计算任何财务可行性评价指标都需要考虑的因素，可以通过测算投资项目各年的净现金流量来集中反映；时间价值则是计算动态指标应当考虑的因素；投资风险既可以通过调整项目净现金流量来反映，也可以通过修改折现率指标来反映。

下面我们介绍测算投资项目各年净现金流量的技巧，然后，结合动态评价指标的计算讨论如何确定折现率。

三、投资项目净现金流量和折现率的测算

（一）项目净现金流量的测算

投资项目的净现金流量是指在项目计算期内由建设项目每年现金流入量与每年现金流出量之间的差额所形成的序列指标。其理论计算公式为：

净现金流量 = 该年现金流入量 - 该年现金流出量

上式中，现金流入量是指在其他条件不变时，能使现金存量增加的变动量，现金流出量是指在其他条件不变时，能够使现金存量减少的变动量。此外，净现金流量又包括所得税前净现金流量和所得税后净现金流量两种形式。

建设项目现金流入量包括的主要内容有：营业收入、补贴收入、回收固定资产余值和回收流动资金等产出类财务可行性要素；建设项目现金流出量包括的主要内容有：建设投资、流动资金投资、经营成本、维持运营投资、营业税金及附加和企业所得税等投入类财务可行性要素。由于项目计算期不同阶段上的现金流入量和现金流出量发生的大小不同，各阶段的净现金流量在数值上表现出不同的特点，如建设期内的净现金流量一般小于或等于零，而运营期内的净现金流量则一般大于零。

1. 确定建设项目净现金流量的方法

(1)列表法。列表法是指通过编制现金流量表来确定项目净现金流量的方法，又称一般方法，这是无论在什么情况下都可以采用的方法。在项目投资决策中使用的现金流量表，是用于全面反映某投资项目在其未来项目计算期内每年的现金流入量和现金流出量的具体构成内容，以及净现金流量水平的分析报表。列表法有清晰、条理性强的优点。

【例 4-6】甲公司拟建生产线项目的建设期和运营期的各项现金流入量和现金流出量如表 4-1 所示(假设所得税税率为 20%)。

表 4-1 甲公司生产线投资项目的现金流量表

单位：万元

项目计算期	建设期		运营期			合计
	0	1	2	3	4	
现金流入量：			180	500	1 240	1 920
营业收入			180	500	1 240	1 920
回收固定资产余值						
回收流动资金						
现金流出量：	400	500	135	105	146	1 286
建设投资	400	500				900
流动资金投资		50	30			80
经营成本			100	100	140	340

（续表）

项目计算期	建设期		运营期			合计
	0	1	2	3	4	
营业税金及附加			5	5	6	16
所得税前累计净现金流量	-400	-500	45	395	1 094	634

(2)简化法。简化法是指在特定条件下直接利用公式来确定项目净现金流量的方法，又称特殊方法或公式法。

新建投资项目的建设期净现金流量可直接按以下简化公式计算：

建设期某年净现金流量 = -该年原始投资额

投资项目的运营期所得税前净现金流量可按以下简化公式计算：

运营期某年所得税前净现金流量 = 该年息税前利润 + 该年折旧 + 该年摊销 + 该年回收额 - 该年维持运营投资 - 该年流动资金投资

(二)折现率的测算

在财务可行性评价中，折现率是指计算动态评价指标所依据的一个重要参数，财务可行性评价中的折现率可以按以下方法确定：①以拟投资项目所在行业(而不是单个投资项目)的权益资本必要收益率作为折现率，适用于资金来源单一的项目。②以拟投资项目所在行业(而不是单个投资项目)的加权平均资金成本作为折现率，适用于相关数据齐备的行业。③以社会的投资机会成本作为折现率，适用于已经持有投资所需资金的项目。④以国家或行业主管部门定期发布的行业基准资金收益率作为折现率，适用于投资项目的财务可行性研究和建设项目评估中的净现值和净现值率指标的计算。⑤完全人为主观确定折现率，适用于按逐次测试法计算内部收益率指标。本章中所使用的折现率按第四种方法或第五种方法确定。

关于财务可行性评价中使用的折现率，必须在理论上明确以下问题：①折现率与金融业务中处理未到期票据贴现中所使用的票据贴现率不是一个概念，不得将两者混淆，最好也不要使用“贴现率”这个术语。②在确定折现率时，往往需要考虑投资风险因素，可人为提高折现率水平，而反映时间价值的利息率或贴现率则通常不考虑风险因素。③折现率不应当也不可能根据单个投资项目的资本成本计算出来。更不可以用融资形成的资本成本作为折现率，因为由融资所形成的资本成本中只包括了资金供给者(原始投资者)所考虑的向融资者进行投资的风险，并没有考虑资金使用者(企业)利用这些资金进行直接项目投资所面临的风险因素。

第三节　项目投资决策的方法

一、项目投资决策的方法

(一)静态评价方法及特征

1. 静态投资回收期法

静态投资回收期，简称回收期，是指以投资项目经营净现金流量抵偿原始总投资所需要的全部时间。有“包括建设期的投资回收期”和“不包括建设期的投资回收期”两种形式。

【例4-7】某投资项目的所得税前净现金流量如下：NCF_0为-1 000万元，$NCF_{1\sim6}$为200万元，NCF_7为900万元。

根据上述资料，计算静态回收期如下：

建设期s=1年，建设发生的原始投资合计1 000万元，不包括建设期的投资回收期(所得税前)=1 000/200=5(年)，包括建设期的投资回收期(所得税前)=5+1=6(年)。

静态回收期法的决策规则：当对互斥方案选择投资决策时，应优选投资回收期短的方案；进行选择与否投资决策时，则必须设置基准投资期，当回收期≤基准期时，则项目可以考虑接受；反之，项目应予拒绝。

静态回收期法容易理解，容易计算，但其缺点是，完全忽视了回收期以后的计算，且没有考虑现金流量的取得时间。

2. 投资收益率法

投资收益率，又称投资报酬率(记作ROI)，是指达产期正常年份的年息税前利润或运营期年均息税前利润占项目总投资的百分比。

投资利润率的计算公式为：

投资收益率(ROI)=(年息税前利润或年均息税前利润/项目总投资)×100%

投资收益率法的决策规则：只有投资收益率指标大于或等于基准总投资收益率指标的投资项目才具有财务可行性，基准投资率可以由公司自行确定或遵照行业标准确定。当对互斥方案进行选择时，应选择投资收益率较高的方案。

投资收益率的优点是计算公式简单，缺点是没有考虑资金时间价值因素，不能正确反映建设期长短、投资方式和回收额的有无等条件对项目的影响，分子、分母的计算口径的可比性差，无法直接利用净现金流量信息。

(二)动态评价方法及特征

1. 净现值法

净现值(记作NPV)，是指在项目计算期内，按设定折现率或基准收益率计算的各年净现金流量现值的代数和。其理论计算公式为：

净现值(NPV)=$\sum_{t=0}^{n}$(第t年的净现金流量×第t年的复利现值系数)

或净现值(NPV)=未来报酬现值-投资额的现值

净现值的计算包括以下两种方法：

(1)公式法。是指根据净现值的定义，直接利用理论计算公式来完成该指标计算的方法。

(2)列表法。是指通过在现金流量表计算净现值指标的方法。即在现金流量表上，根据已知的各年净现金流量，分别乘以各年的复利现值系数，从而计算出各年折现的净现金流量，最后求出项目计算期内折现的净现金流量的代数和，就是所求的净现值指标。

【例4－8】假定投资项目【例4－7】的基准折现率为10%，计算此项目的净现值。

根据上述资料，采用公式法计算如下：

NPV = －400×1－500×0.909 1＋45×0.826 4＋395×0.751 3＋1 094×0.683≈226.60（万元）

根据上述资料，采用列表法计算如表4－2所示。

表4－2　采用列表法计算净现值

单位：万元

项目计算期	建设期		运营期			合计
	0	1	2	3	4	
所得税前累计净现金流量	－400	－500	45	395	1 094	634
20%的复利现值系数	1	0.909 1	0.826 4	0.751 3	0.683 0	
折现的净现金流量	－400	－454.55	37.19	296.76	747.20	226.60

由表4－2的数据可见，该方案折现的净现金流量合计数即净现值为226.60万元，与公式法的计算结果相同。

2. 特殊情况下净现值指标计算的简化方法

本法是指在特殊条件下，当项目投产后净现金流量表现为普通年金或递延年金时，可以利用计算年金现值或递延年金现值的技巧直接计算出项目净现值的方法，又称简化方法。

普通年金现值系数 $(P/A, i, n) = [1-(1+i)^{-n}]/i$

递延年金现值 $= (P/A, i, n) \times (1+i)^{-m}$

其中：A代表年金数额；i代表折旧率；n代表期数；m代表递延期数。

【例4－9】某投资项目的所得税前净现金流量如下：NCF_0为－200 0万元，运营期共5年，且$NCF_{1\sim5}$为690万元。假设该项目的折现率为14%，计算该项目的净现值。

$NPV = -2\ 000 + 690 \times (P/A, 14\%, 5) = -2\ 000 + 690 \times [1-(1+14\%)^{-5}]/14\% \approx 368.83$（万元）。

净现值法的决策规则：若 NPV≥0，则项目应予接受；若 NPV＜0，则项目应予拒绝，即只有净现值指标大于或等于零的投资项目才具有财务可行性。

净现值指标的优点是综合考虑了资金时间价值、项目计算期内全部净现金流量信息和投资风险；缺点在于无法从动态的角度直接反映投资项目的实际收益率水平，与静态投资回收期指标相比，计算过程比较繁琐。

2. 现值指数法

现值指数(PI)，又称获利指数，是指项目流入量现值与流出量现值的比率。现值指数的计算公式为：

现值指数＝现金流入的现值－现金流出的现值

【例 4－10】分别计算**【例 4－8】**、**【例 4－9】**中项目的现值系数。

【例 4－8】中，项目的现值指数＝(37.19＋296.76＋747.20)÷(400＋454.55)＝1.27

【例 4－9】中，项目的现值指数＝$690\times[1-(1+14\%)^{-5}]/14\%\div2\,000=1.18$

现值指数法的决策规则：若现值指数＞1，则项目应予接受；反之，则项目应予拒绝，即只有现值指数大于 1 的投资项目才具有财务可行性。

现值指数法是相对数，反映的是投资效率。而净现值是绝对数，反映的是投资效益。现值指数法与净现值法相比，消除了投资额的差异，但并未消除项目期限的差异。

现值指数指标的优点是综合考虑了资金的时间价值、项目计算期内全部净现金流量信息和投资风险；缺点在于无法从动态的角度直接反映投资项目的实际收益率水平，与静态投资回收期指标相比，计算过程比较繁琐。

3. 净现值率法

净现值率(记作 NPVR)，是指投资项目的净现值占原始投资现值总和的比率，也可将其理解为单位原始投资的现值所创造的净现值。

净现值率的计算公式为：

净现值率(NPVR)＝项目的净现值/原始投资的现值合计

【例 4-11】某项目的净现值(所得税前)为 1 500 万元，原始投资现值合计为 96 万元。则按简化方法计算的该项目净现值率(所得税前)如下：

$$NPVR = 96 \div 1\,500 \approx 0.06$$

净现值率法的决策规则是：只有该指标大于或等于零的投资项目才具有财务可行性。

净现值率的优点是可以从动态的角度反映项目投资的资金投入与净产出之间的关系，计算过程比较简单；缺点是无法直接反映投资项目的实际收益率。

4. 内部收益率法

内部收益率(记作 IRR)，又称内含报酬率，是指能够使未来现金流入量现值等于未来现金流出量现值的折现率。实质上，它是能使项目的净现值等于零时的折现率。

净现值法和现值指数法虽然考虑了时间价值，但是并没有提示项目本身可以达到的报酬率是多少。内含报酬率是根据项目的现金流量计算的，是项目本身的投资报酬率。IRR 满足下列等式：

$$\sum_{t=0}^{n}[NCF_t(P/F, IRR, t)] = 0$$

【例 4-12】某投资项目的所得税前净现金流量如下：NCF_0 为 -100 万元，$NCF_{1\sim10}$ 为 19.5 万元。根据上述资料，可用特殊方法计算内部收益率如下：

$$(P/A, IRR, 10) = 100 \div 19.5 = 5.13$$

查 10 年的年金现值系数表：

$$(P/A, 14\%, 10) = 5.216\,1 > 5.128\,2$$

$$(P/A, 16\%, 10) = 4.833\,2 < 5.128\,2$$

所以，14% < IRR < 16%，用插值法计算如下：

$$IRR = 14\% + (16\% - 14\%)[(5.216\,1 - 5.128\,2)/(5.216\,1 - 4.833\,2)] \approx 14.46\%$$。

【例4－13】某投资项目只能用一般方法计算内部收益率。按照逐次测试逼近法的要求，自行设定折现率并计算净现值，据此判断调整折现率。经过5次测试，得到表4－3所示的数据(计算过程略)。

表4－3 逐次测试逼近法数据资料

单位：万元

测试次数 j	设定折现率 r_j	净现值 NPV_j(按 r_j 计算)
1	10%	+918.383 9
2	30%	－192.799 1
3	20%	+217.312 8
4	23%	29.317 7
5	26%	－30.190 7

计算该项目的内部收益率IRR的步骤如下：

$NPV_m = +29.3177 > NPV_{m+1} = -30.1907$，

$r_m = 23\% < r_{m+1} = 26\%$。

应用内插法计算如下：

$IRR = 23\% + (26\% - 23\%)\{(29.3177 - 0)/[(29.3177 - (-30.1907)]\}$

$\approx 24.48\%$。

以上几道例题都应用了内插法，内插法的基本原理是：假定自变量在较小变动区间内，它与因变量之间的关系可以用线性模型来表示，因而，可以采取近似计算的方法进行处理。

内部收益率法的决策规则是：设置基准贴现率 i_s，当 $IRR \geq i_s$，则方案可行；若 $IRR < i_s$，则方案不可行。

内部收益率的优点是既可以从动态的角度直接反映投资项目的实际收益率水平，又不受基准收益率高低的影响，比较客观；缺点是计算过程复杂，尤其当运营期内大量追加投资时，有可能导致多个内部收益率出现，或偏高或偏低，缺乏实际意义。

5. 动态投资回收期法

动态投资回收期是指在考虑货币时间价值的条件下，以投资项目净现金流量的现值抵偿原始投资现值所需要的全部时间。即：动态投资回收期是项目从投资开始起，到累计折现现金流量等于0时所需的时间。

动态投资回收期法的公式为：

P_t =（累计折现值出现正值的年数 -1）+上年累计折现值的绝对值/当年净现金流量的折现值

动态投资回收期法的决策规则是：要与行业标准动态投资回收期或行业平均动态投资回收期进行比较，低于相应的标准认为项目可行。

动态投资回收期法考虑了资金的时间价值，克服了静态投资回收期法的缺陷，因而优于静态投资回收期法。但它仍然具有主观性，同样忽略了回收期以后的净现金流量。当未来年份的净现金流量为负数时，动态投资回收期可能变得无效，甚至做出错误的决策。因此，动态投资回收期法计算投资回收期限并非是一个完善的指标。

6. 动态指标之间的关系

净现值 NPV、净现值率 NPVR 和内部收益率 IRR 指标之间存在以下数量关系，即：

当 NPV >0 时，NPVR >0，IRR > i_s；

当 NPV =0 时，NPVR =0，IRR = i_s；

当 NPV <0 时，NPVR <0，IRR < i_s。

此外，净现值率 NPVR 的计算需要在已知净现值 NPV 的基础上进行，内部收益率 IRR 在计算时也需要利用净现值 NPV 的计算技巧。这些指标都会受到建设期的长短、投资方式，以及各年净现金流量的数量特征的影响。所不同的是，NPV 为绝对量指标，其余为相对数指标，计算净现值 NPV 和净现值率 NPVR 所依据的折现率都是事先已知的 i_s，而内部收益率 IRR 的计算本身与 i_s 的高低无关。

第四节　项目投资决策方案分析

一、运用相关指标评价投资项目的财务可行性

财务可行性评价指标的首要功能，就是用于评价某个具体的投资项目是

否具有财务可行性。在投资决策的实践中，必须对所有已经具备技术可行性的投资备选方案进行财务可行性评价。不能全面掌握某一具体方案的各项评价指标，或者所掌握的评价指标的质量失真，都无法完成投资决策的任务。

（一）判断方案完全具备财务可行性的条件

如果某一投资方案的所有评价指标均处于可行区间，即同时满足以下条件时，则可以断定该投资方案无论从哪个方面看都具备财务可行性，或完全具备可行性。这些条件是：① 净现值 $NPV \geq 0$。② 净现值率 $NPVR \geq 0$。③ 内部收益率 IRR ≥ 基准折现率 i_s。④ 包括建设期的静态投资回收期 $T \leq \frac{n}{2}$（即项目计算期的一半）。⑤ 不包括建设期的静态投资回收期 $T' \leq \frac{P}{2}$（即运营期的一半）。⑥ 总投资收益率 ROI ≥ 基准总投资收益率 i。

（二）判断方案是否完全不具备财务可行性的条件

如果某一投资项目的评价指标均处于不可行区间，即同时满足以下条件时，则可以断定该投资项目无论从哪个方面看都不具备财务可行性，或完全不具备可行性，应当彻底放弃该投资方案。这些条件是：① $NPV < 0$。② $NPVR < 0$。③ $IRR < i_s$。④ $T > \frac{n}{2}$。⑤ $T' > \frac{p}{2}$。⑥ $ROI < i$。

（三）判断方案是否基本具备财务可行性的条件

如果在评价过程中发现某项目的主要指标处于可行区间，如 $NPV \geq 0$，$NPVR \geq 0$，$IRR \geq i_s$，但次要或辅助指标处于不可行区间，如 $T > \frac{n}{2}$，$T' > \frac{p}{2}$ 或 $ROI < i$，则可以断定该项目基本上具有财务可行性。

（四）判断方案是否基本不具备财务可行性的条件

如果在评价过程中发现某项目出现 $NPV < 0$、$NPVR < 0$、$IRR < i_s$ 的情况，即使有 $T \leq \frac{n}{2}$，$T' \leq \frac{P}{2}$ 或 $ROI \geq i$ 发生，也可断定该项目基本上不具有财务可行性。

（五）其他应当注意的问题

在对投资方案进行财务可行性评价过程中，除了要熟练掌握和运用上述判定条件外，还必须明确以下两点：

(1)主要评价指标在评价财务可行性的过程中起主导作用。

在对独立项目进行财务可行性评价和投资决策的过程中，当静态投资回收期(次要指标)或总投资收益率(辅助指标)的评价结论与净现值等主要指标的评价结论发生矛盾时，应当以主要指标的结论为准。

(2)利用动态指标对同一个投资项目进行评价和决策，会得出完全相同的结论。

在对同一个投资项目进行财务可行性评价时，净现值、净现值率和内部收益率指标的评价结论是一致的。

【例4-14】某投资项目只有一个备选方案，计算出来的财务可行性评价指标如下：ROI为10.3%，T为6年，T′为5年，NPV为182.65万元，NPVR为0.1704，PI为1.1704，IRR为12.73%。项目计算期为11年(其中生产运营期为10年)，基准总投资利润率为9.5%，基准折现率为10%。根据上述资料，评价该项目财务可行性的程序如下：

$ROI=10.3\%>i=9.5\%$，$T'=5$ 年 $=\frac{P}{2}$，$NPV=182.65$ 万元 >0，

$NPVR=17.04\%>0$，$IRR=12.73\%>i_s=10.3\%$。

所以，该方案基本上具有财务可行性，尽管 $T=6$ 年 $>\frac{n}{2}=5.5$ 年，超过基准回收期。

评价结论：因为该方案各项主要评价指标均达到或超过相应标准，所以，基本上具有财务可行性，只是包括建设期的投资回收期较长，有一定风险。如果条件允许，可实施投资。

二、投资方案的类型及选择

(一)投资方案的类型

投资项目是指投资的客体，即资金投入的具体对象。譬如，建设一条汽车生产线或购置一辆生产用汽车，就属于不同的投资项目，前者属于新建项

目，后者属于单纯的固定资产投资项目。

同一个投资项目完全可以采取不同的技术路线和运作手段来实现。如新建一个投资项目，其投资规模可大可小，建设期有长有短，建设方式可分别采取自营方式和出包方式。这些具体的选择最终要通过规划不同的投资方案来体现。

1. 根据投资项目中投资方案的数量：单一方案和多个方案

投资方案就是基于投资项目要达到的目标而形成的有关具体投资的设想与时间安排，或者说是未来投资行动的预案。一个投资项目可以只安排一个投资方案，也可以设计多个可供选择的方案。

2. 根据方案之间的关系：独立方案、互斥方案和组合或排队方案

所谓独立方案是指在决策过程，一组互相分离、互不排斥的方案或单一的方案。

在独立方案中，选择某一方案并不排斥选择另一方案。就一组完全独立的方案而言，其存在的前提条件是：① 投资资金来源无限制。② 投资资金无优先使用的排列。③ 各投资方案所需的人力、物力均能得到满足。④ 不考虑地区、行业之间的相互关系及其影响。⑤ 每一投资方案是否可行，仅取决于本方案的经济效益，与其他方案无关。符合上述前提条件的方案即为独立方案。例如，某企业拟进行几项投资活动，有以下投资方案可供选择：扩建某生产车间、购置一辆运输汽车、新建办公楼等。这一组投资方案中各个方案之间没有什么关联，互相独立，并不存在相互比较和选择的问题。企业既可以全部不接受，也可以接受其中一个，接受多个或全部接受。

互斥方案是指互相关联、互相排斥的方案，即一组方案中的各个方案彼此可以相互代替，采纳方案组中的某一方案，就会自动排斥这组方案中的其他方案。因此，互斥方案具有排他性。例如，某企业拟投资增加一条生产线（购置设备），既可以自行生产制造，也可以向国内其他厂家订购，还可以向某外商订货，这一组设备购置方案即为互斥方案，因为在这三个方案中，只能选择其中一个方案。

（二）财务可行性评价与项目投资决策的关系

开展财务可行性评价，就是围绕某一个投资方案而开展的评价工作，其结果是作出该方案是否具备(完全具备、基本具备、完全不具备或基本不具备)财务可行性的结论。而投资决策就是通过比较，从可供选择的备选方案中选择一个或一组最优方案的过程，其结果是从多个方案中作出了最终的选择。因此，在时间顺序上，可行性评价在先，比较选择决策在后。这种关系在不同类型的方案之间表现不完全一致。

1. 评价每个方案的财务可行性是开展互斥方案投资决策的前提

对互斥方案而言，评价每一方案的财务可行性，不等于最终的投资决策，但它是进一步开展各方案之间比较决策的重要前提，因为只有完全具备或基本具备财务可行性的方案，才有资格进入最终决策；完全不具备或基本不具备财务可行性的方案，不能进入下一轮的比较选择。已经具备财务可行性，并进入最终决策程序的互斥方案也不能保证在多方案比较决策中被最终选定，因为还要进行下一轮淘汰筛选。

2. 独立方案的可行性评价与其投资决策是完全一致的行为

相对于独立方案而言，评价其财务可行性也就是对其作出最终决策的过程，从而造成了人们将财务可行性评价完全等同于投资决策的误解。

其实独立方案也存在“先评价可行性，后比较选择决策”的问题。因为每个单一的独立方案，也存在着“接受”或“拒绝”的选择。只有完全具备或基本具备财务可行性的方案，才可以被接受；完全不具备或基本不具备财务可行性的方案，只能选择“拒绝”，从而“拒绝”本身也是一种方案，一般称之为零方案。因此，任何一个独立方案都要与零方案进行比较决策。

投资决策方法，是指利用特定财务可行性指标作为决策标准或依据，对多个互斥方案作出最终决策的方法。

许多人将财务可行性评价指标的计算方法等同于投资决策的方法，这是完全错误的。事实上，在投资决策方法中，从来就不存在所谓的投资回收期法和内部收益率法。

3. 投资决策的主要方法

投资决策的主要方法包括净现值法、净现值率法、差额投资内部收益率法、年等额净回收额法和计算期统一法等具体方法。

(1)净现值法。所谓净现值法，是指通过比较所有已具备财务可行性投资方案的净现值指标的大小来选择最优方案的方法。该法适用于原始投资相同且项目计算期相等的多方案比较决策。在此法下，净现值最大的方案为优。

【例4-15】某投资项目需要原始投资1 350万元，有A和B两个互相排斥，但项目计算期相同的备选方案可供选择，各方案的净现值指标分别为238.92万元和226.72万元。根据上述资料，按净现值法作出决策的程序如下。

① 评价各备选方案的财务可行性：

因为，A、B两个备选方案的NPV均大于零，所以，这两个方案均具有财务可行性。

② 按净现值法进行比较决策：

因为，238.92>226.72，所以，A方案优于B方案。

(2)净现值率法。所谓净现值率法，是指通过比较所有已具备财务可行性投资方案的净现值率指标的大小来选择最优方案的方法。该法适用于项目计算期相等且原始投资相同的多个互斥方案的比较决策。在此法下，净现值率最大的方案为优。

在投资额相同的互斥方案比较决策中，采用净现值率法会与净现值法得到完全相同的结论；但投资额不相同时，情况就可能不同。

【例4-16】A项目与B项目为互斥方案，它们的项目计算期相同。A项目原始投资的现值为150万元，净现值为30万元；B项目原始投资的现值为100万元，净现值为25万元。根据上述资料，计算两个项目的净现值率，并按净现值和净现值率比较决策如下。

计算净现值率：

A项目的净现值率=30÷150=0.20，

B项目的净现值率=25÷100=0.25。

在净现值法下，因为，30>25，所以，A项目优于B项目。

在净现值率法下，因为，0.25>0.20，所以，B项目优于A项目。

由于两个项目的原始投资额不同，导致两种方法的决策结论相互矛盾。

(3)差额投资内部收益率法。所谓差额投资内部收益率法，是指在两个原始投资额不同的方案的差量净现金流量(记作 ΔNCF)的基础上，计算出差额内部收益率(记作 ΔIRR)，并与基准折现率进行比较，进而判断方案孰优孰劣的方法。该法适用于两个原始投资不相同，但项目计算期相同的多方案比较决策。

当差额内部收益率指标大于或等于基准收益率或设定折现率时，原始投资额大的方案较优；反之，则投资额少的方案为优。差额投资内部收益率法的原理如下：假定有 A 和 B 两个项目计算期相同的投资方案，A 方案的投资额大，B 方案的投资额小。我们可以把 A 方案看成两个方案之和。第一个方案是 B 方案，即把 A 方案的投资用于 B 方案；第二个方案是 C 方案，用于 C 方案投资的是 A 方案投资额与 B 方案投资额之差。因为把 A 方案的投资用于 B 方案会节约一定的投资，可以作为 C 方案的投资资金来源。C 方案的净现金流量等于 A 方案的净现金流量减去 B 方案的净现金流量而形成的差量净现金流量 ΔNCF。根据 ΔNCF 计算出来的差额内部收益率 ΔIRR，其实质就是 C 方案的内部收益率。

在这种情况下，A 方案等于 B 方案与 C 方案之和；A 方案与 B 方案的比较，相当于 B 与 C 两方案之和与 B 方案的比较，如果差额内部收益率 ΔIRR 小于基准折现率，则 C 方案不具有财务可行性，这就意味着 B 方案优于 A 方案。

差额投资内部收益率 ΔIRR 的计算过程和计算技巧同内部收益率 IRR 完全一样，只是所依据的是 ΔNCF。

【例 4－17】某项目原始投资的现值为 150 万元，项目计算期第 1～10 年的净现金流量为 34.43 万元；B 项目的原始投资额为 100 万元，项目计算期第 1～10 年的净现金流量为 25 万元。假定基准折现率为 10%。根据上述资料，按差额投资内部收益率法进行投资决策的程序如下。

① 计算差量净现金流量：

$\Delta NCF_0 = -150-(-100) = -50$(万元)，

$\Delta NCF_{1\sim10} = 34.43-25 = 9.43$(万元)。

② 计算差额内部收益率 ΔIRR：

$9.43\times(P_A/A, \Delta IRR, 10)=50$，

$(P_A/A, \Delta IRR, 10)=5.3022$。

因为，$(P_A/A, 12\%, 10)=5.6502>5.3022$，

$(P_A/A, 14\%, 10)=5.2161<5.3022$，

所以，$12\%<\Delta IRR<14\%$，应用内插法：

$\Delta IRR=12\%+(14\%-12\%)\times[(5.6502-5.3022)\div(5.6502-5.2161)]\approx13.60\%$。

③ 决策选择：

因为，$\Delta IRR=13.60\%>i_s=10\%$，所以，应当投资 A 项目。

(4)年等额净回收额法。所谓年等额净回收额法，是指通过比较所有投资方案的年等额净回收额(记作 NA)指标的大小来选择最优方案的决策方法。该法适用于原始投资不相同、特别是项目计算期不同的多方案比较决策。在此法下，年等额净回收额最大的方案为优。

某方案的年等额净回收额等于该方案净现值与相关回收系数(或年金现值系数倒数)的乘积。计算公式为：

某方案年等额净回收额 = 该方案净现值 ÷ 年金现值系数

【例 4－18】甲公司拟投资建设一条新生产线。现有三个方案可供选择：A 方案的原始投资为 1 250 万元，项目计算期为 11 年，净现值为 958.8 万元；B 方案的原始投资为 1 100 万元，项目计算期为 10 年，净现值为 920 万元；C 方案的净现值为 －15.5 万元。行业基准折现率为 10%。根据上述资料，按年等额净回收额法作出最终投资决策的程序如下。

① 判断各方案的财务可行性：

A 方案和 B 方案的净现值大于零，这两个方案具有财务可行性；

C 方案的净现值小于零，该方案不具有财务可行性。

② 计算各个具有财务可行性方案的年等额净回收额：

$$A方案的年等额净回收额 = A方案的净现值 \times \frac{1}{(P/A,10\%,11)}$$

$$= 958.8 \times \frac{1}{6.4951} \approx 147.60(万元),$$

$$B方案的年等额净回收额 = B方案的净现值 \times \frac{1}{(P/A,10\%,10)}$$

$$= 920 \times \frac{1}{6.1446} \approx 149.72(万元)。$$

③ 比较各方案的年等额净回收额，作出决策：

因为，149.72 > 147.60，所以，B方案优于A方案。

(5)计算期统一法。计算期统一法是指通过对计算期不相等的多个互斥方案选定一个共同的计算分析期，以满足时间可比性的要求，进而根据调整后的评价指标来选择最优方案的方法。

该法包括方案重复法和最短计算期法两种具体处理方法。

① 方案重复法。方案重复法也称计算期最小公倍数法，是将各方案计算期的最小公倍数作为比较方案的计算期，进而调整有关指标，并据此进行多方案比较决策的一种方法。应用此法，可采取两种方式：第一种方式，将各方案计算期的各年净现金流量或费用流量进行重复计算，直到与最小公倍数计算期相等；然后，再计算净现值、净现值率、差额内部收益率或费用现值等评价指标；最后根据调整后的评价指标进行方案的比较决策。第二种方式，直接计算每个方案项目原计算期内的评价指标(主要指净现值)，再按照最小公倍数原理分别对其折现，并求代数和，最后根据调整后的净现值指标进行方案的比较决策。

【例4-19】A和B两个方案均在建设期年末投资，它们的计算期分别是10年和15年，有关资料如表4-4所示，假定基准折现率为12%。

表4-4 净现金流量资料

单位：万元

年份项目	1	2	3	4~9	10	11~14	15	净现值
A	-700	-700	490	490	620			760.48
B	-1 500	-1 700	-800	930	930	930	1 450	800.54

根据上述资料，按计算期统一法中的方案重复法作出最终投资决策的程序如下：

a. 确定A和B两个方案项目计算期的最小公倍数，计算结果为30年。

计算在30年内各个方案重复的次数：A方案重复两次(30÷10-1)，而B方案只重复一次(30÷15-1)。

b. 分别计算各方案调整后的净现值指标：

$NPV_A{}' = 760.48 + 760.48 \times (P/F, 12\%, 10) + 760.48 \times (P/F, 12, 20) \approx 1\ 084.17$(万元)，

$NPV_B{}' = 800.54 + 795.54 \times (P/F, 12\%, 15) \approx 940.88$(万元)。

因为，$NPV_A{}' = 1\ 084.17$ 万元 $> NPV_B{}' = 940.88$ 万元，

所以，A方案优于B方案。

由于有些方案的计算期相差很大，按最小公倍数所确定的计算期往往很长。假定有四个互斥方案的计算期分别为15年、25年、30年和50年，那么它们的最小公倍数就是150年，显然考虑这么长时间内的重复计算既复杂又无必要。为了克服方案重复法的缺点，人们设计了最短计算期法。

② 最短计算期法。最短计算期法又称最短寿命期法，是指在将所有方案的净现值均还原为等额年回收额的基础上，再按照最短的计算期来计算出相应净现值，进而根据调整后的净现值指标进行多方案比较决策的一种方法。

【例 4－20】 仍按 **【例 4－19】** 的资料，则按最小计算期法作出最终投资决策的程序如下：

a. 确定 A 和 B 两方案中最短的计算期为 A 方案的 10 年。

b. 计算调整后的净现值指标：

$NPV_A'' = NPV_A = 760.48$（万元），

$$NPV_B'' = NPV_B \times \frac{1}{(P/A,\ 12\%,\ 15)} \times (P/A,\ 12\%,\ 10) = 800.54 \times \frac{(P/A,\ 12\%,\ 10)}{(P/A,\ 12\%,\ 15)} \approx 722.58\text{（万元）}。$$

因为，$NPV_A'' = 760.48$ 万元 $> NPV_B'' = 722.58$ 万元，

所以，A 方案优于 B 方案。

第五章　长期股权投资及会计处理

第一节　长期股权投资的初始计量

本章涉及的长期股权投资是指应当按照《企业会计准则第3——长期股权投资》进行核算的权益性投资，主要包括以下两个方面：一是企业持有的对子公司、合营企业或联营企业的投资；二是企业持有的对被投资单位不具有控制、共同控制或重大影响，并且在活跃市场中没有报价、公允价值不能可靠计量的长期股权投资。

除以上两方面外的其他权益性投资，包括为交易目的持有的权益性投资以及投资企业对被投资单位不具有控制、共同控制或重大影响，且在活跃市场中有报价、公允价值能够可靠计量的权益性投资，应当按照《企业会计准则第22号——金融工具确认和计量》的规定核算。

一、企业合并以外其他方式取得的长期股权投资

1. 以支付现金取得的长期股权投资

以支付现金取得的长期股权投资，应当按照实际支付的购买价款作为初始投资成本，包括购买过程中支付的手续费等必要支出，但所支付的价款中包含的被投资单位已宣告但尚未发放的现金股利或利润应作为应收项目核算，不构成取得长期股权投资的成本。

【例5-1】甲公司于2011年10月10日，自公开市场中买入乙公司20%的股份，实际支付价款500万元，在购买过程中支付手续费等相关费用10万元。该股份取得后能够对乙公司施加重大影响。甲公司应当按照实际支付的购买价款作为取得长期股权投资的成本，其账务处理如下：

借：长期股权投资——甲公司——成本 5 100 000
　　贷：银行存款 5 100 000

2. 以发行权益性证券方式取得的长期股权投资

以发行权益性证券方式取得的长期股权投资，其成本为所发行权益性证券的公允价值，但不包括应自被投资单位收取的已宣告但尚未发放的现金股利或利润。为发行权益性证券支付的手续费、佣金等应自权益性证券的溢价发行收入中扣除，溢价收入不足的，应冲减盈余公积和未分配利润。

确定发行的权益性证券的公允价值时，所发行的权益性证券存在公开市场，有明确市价可供遵循的，应以该证券的市价作为确定其公允价值的依据，同时应考虑该证券的交易量、是否存在限制性条款等因素的影响；所发行权益性证券不存在公开市场，没有明确市价可供遵循的，应考虑以被投资单位的公允价值为基础确定权益性证券的价值。

【例5-2】2011年4月，甲公司通过增发2 000万股普通股为对价取得对乙公司20%的股权，每股面值1元。按照增发前一定时期的平均股价计算，该2 000万股普通股的公允价值为4 500万元。为增发该部分普通股，甲公司支付了500万元的佣金和手续费，取得乙公司该部分股权后，甲公司能够对乙公司施加重大影响。

本例中，甲公司应当以所发行股份的公允价值作为取得长期股权投资的成本。

借：长期股权投资——乙公司——成本 45 000 000
　　贷：股本 20 000 000
　　　　资本公积——股本溢价 25 000 000
借：资本公积——股本溢价 5 000 000
　　贷：银行存款 5 000 000

3. 投资者投入的长期股权投资

投资者投入的长期股权投资，应当按照投资合同或协议约定的价值作为初始投资成本，但合同或协议约定价值不公允的除外。

投资者投入的长期股权投资，是指投资者以其持有的对第三方的投资作为出资投入企业，接受投资的企业在确定所取得的长期股权投资的成本时，原则上应按照投资各方在投资合同或协议中约定的价值作为其初始投资成本。但是，如果投资各方在投资合同或协议中约定的价值明显高于或低于该项投资的公允价值的，应以公允价值作为长期股权投资的初始投资成本，由该项出资构成实收资本（或股本）的部分与确认的长期股权投资初始投资成本之间的差额，调整资本公积（资本溢价）。

在确定投资者投入的长期股权投资的公允价值时，有关权益性投资存在活跃市场的，应当参照活跃市场中的市价确定其公允价值；不存在活跃市场，无法按照市场信息确定其公允价值的情况下，应当将采用估值技术等合理的方法确定的价值作为其公允价值。

【例5-3】甲公司以其持有的对丙公司的长期股权投资作为出资，在乙股份公司增资扩股的过程中投入乙公司，取得乙公司1 000万股普通股，每股面值为1元。该项对丙公司的投资本身不存在活跃的市场，无法取得其公允价值信息，但根据乙公司股票在增资扩股后的价格判断，该项作为出资的长期股权投资的公允价值约为4 000万元。乙公司取得丙公司股权后，无法对丙公司实施控制、共同控制或是施加重大影响，也无法通过合理的方式确定其公允价值。

乙公司应进行的账务处理为：

借：长期股权投资——丙公司——成本	40 000 000	
贷：股本		10 000 000
资本公积——股本溢价		30 000 000

【例5-4】甲公司设立时，其主要出资方之一A公司以其持有的对B公司的长期股权投资作为出资投资甲公司。投资各方在投资合同中约定，作为出资的该项长期股权投资作价4 000万元。该作价是按照B公司股票的市价经考虑相关调整因素后确定的。甲公司注册资本为16 000万元。A公司出资占甲公司注册资本的20%。取得该项投资后，甲公司根据其持股比例，能够派人参与B公司的财务和生产经营决策。

本例中，甲公司对于投资者投入的该项长期股权投资，应进行的会计处理如下：

借：长期股权投资　　40 000 000

　贷：实收资本　　32 000 000

　　资本公积——资本溢价　　8 000 000

4. 以债务重组、非货币性资产交换等方式取得的长期股权投资

以债务重组、非货币性资产交换等方式取得的长期股权投资，其初始投资成本应按照《企业会计准则第 12 号——债务重组》和《企业会计准则第 7 号——非货币性资产交换》的原则确定。

【例 5－5】 2012 年 2 月 10 日，甲公司销售一批材料给乙公司，应收账款 10 万元，合同约定 6 个月后结清款项。6 个月后，由于乙公司发生财务困难，无法支付货款，与甲公司协商进行债务重组。经双方协议，甲公司同意乙公司以其股权抵偿该账款。甲公司对该项应收账款计提了坏账准备 5 000元。假设转账后乙公司注册资本为 500 万元，净资产的公允价值为760 万元，抵债股权占乙公司注册资本的 1%，相关手续已办理完毕。假定不考虑其他相关税费。甲公司的会计处理如下。

① 重组债权应收账款的账面余额与所转让股权的公允价值之间的差 = 100 000 − 7 600 000 × 1% = 24 000(元)。差额 24 000 元，扣除坏账准备 5 000元，计 19 000 元，作为债务重组损失，计入营业外支出。

② 会计分录如下：

借：长期股权投资——甲公司　　76 000

　营业外支出——债务重组损失　　19 000

　坏账准备　　5 000

　贷：应收账款　　100 000

【例 5－6】 2011 年 6 月，为了提高产品质量，甲以其持有的对丙公司的长期股权投资交换乙拥有的一项专利技术。在交换日，甲公司持有的长期股权投资账面余额为 660 万元，已计提长期股权投资减值准备余额为 40 万元，在交换日的公允价值为650万元；乙公司专利技术的账面原价为800万元，累计已摊销金额为120万元，在交换日的公允价值为650万元，乙公司没有为该项专利技术计提减值准备。乙公司原已持有对丙公司的长期股权投资，从甲公司换入对丙公司的长期股权投资后，使丙公司成为乙公司的联营企业。假设整个交易过程中没有发生其他相关税费。

①甲公司的账务处理如下：

借：无形资产——专利权	6 500 000
长期股权投资减值准备	400 000
贷：长期股权投资	6 600 000
投资收益	300 000

②乙公司的账务处理如下：

借：长期股权投资	6 500 000
累计摊销	1 200 000
营业外支出	300 000
贷：无形资产——专利权	8 000 000

5. 投资成本中包含的已宣告但尚未发放的现金股利或利润的处理

企业无论是以何种方式取得长期股权投资，取得投资时，对于被投资单位已经宣告发放的现金股利或利润应作为应收项目单独核算，不构成长期股权投资成本。

【例5-7】沿用**【例5-1】**中有关资料，假定在甲公司取得该项投资时，乙公司已经宣告发放现金股利或利润，甲公司按其持股比例计算确定可分得30万元。则甲公司在确定该长期股权投资成本时，不应包括被投资单位已经宣告发放的现金股利。

甲会计处理如下：

借：长期股权投资——甲公司——成本	4 800 000
应收股利	300 000
贷：银行存款	5 100 000

二、企业合并形成的长期股权投资

企业合并形成的长期股权投资，初始投资成本的确定应遵循《企业会计准则第20号——企业合并》的相关原则，即应区分企业合并的类型，分别同一控制下控股合并与非同一控制下控股合并确定形成长期股权投资的成本。

（一）同一控制下企业合并形成的长期股权投资

合并方以支付现金、转让非现金资产或承担债务方式作为合并对价的，应当在合并日按照取得被合并方所有者权益账面价值的份额作为长期股权投资的初始投资成本。长期股权投资的初始投资成本与支付的现金、转让的非现金资产及所承担债务账面价值之间的差额，应当调整资本公积（资本溢价或股本溢价）；资本公积（资本溢价或股本溢价）的余额不足冲减的，调整留存收益。合并方以发行权益性证券作为合并对价的，应按发行股份的面值总额作为股本，长期股权投资的初始投资成本与所发行股份面值总额之间的差额，应当调整资本公积（资本溢价或股本溢价）；资本公积（资本溢价或股本溢价）不足冲减的，调整留存收益。

应予关注的是，上述在按照合并日应享有被合并方账面所有者权益的份额确定长期股权投资的初始投资成本时，前提是合并前合并方与被合并方采用的会计政策应当一致。企业合并前，合并方与被合并方采用的会计政策不同的，在以被合并方账面所有者权益为基础确定形成的长期股权投资成本时，首先应基于重要性原则，统一合并方与被合并方的会计政策。在按照合并方的会计政策对被合并方资产、负债的账面价值进行调整的基础上，计算确定形成长期股权投资的初始投资成本。

具体进行会计处理时，合并方在合并日按取得被合并方所有者权益账面价值的份额，借记“长期股权投资”科目，按应享有被投资单位已宣告但尚未发放的现金股利或利润，借记“应收股利”科目，按支付的合并对价的账面价值，贷记有关资产或负债科目，按其差额，贷记“资本公积——资本溢价或股本溢价”科目；如为借方差额，应借记“资本公积——资本溢价或股本溢价”科目，资本公积（资本溢价或股本溢价）不足冲减的，借记“盈余公积”、“利润分配——未分配利润”科目。上述业务如以发行权益性证券方式进行的，应按发行权益性证券的面值总额，贷记“股本”科目。

【例5-8】2011年6月30日，甲公司向其母公司P发行1 000万股普通股，每股面值为1元，市价为4.20元，取得母公司P拥有对S公司100%的股权，并于当日起能够对S公司实施控制。合并后S公司仍维持其独立法人地位继续经营。2011年6月30日，S公司净资产的账面价值为4 000万元。假定甲公司和S公司在企业合并前采用的会计政策相同。合并日，甲公司与S公司所有者权益的构成如表5-1所示。

表5-1 2011年6月30日

单位：元

甲公司	S公司	
实收资本	30 000 000	10 000 000
资本公积	20 000 000	6 000 000
盈余公积	20 000 000	20 000 000
未分配利润	23 550 000	4 000 000
合　计	93 550 000	40 000 000

S公司在合并后维持其法人资格继续经营，合并日，甲公司在其账簿及个别财务报表中应确认对S公司的长期股权投资，其成本为合并日享有S公司账面所有者权益的份额，账务处理如下：

借：长期股权投资——S公司　　40 000 000

　贷：股本　　10 000 000

　　资本公积——股本溢价　　30 000 000

（二）非同一控制下企业合并形成的长期股权投资

非同一控制下的控股合并中，购买方应当按照确定的企业合并成本作为长期股权投资的初始投资成本。企业合并成本包括购买方付出的资产、发生或承担的负债、发行的权益性证券的公允价值以及为进行企业合并发生的各项直接相关费用之和。

非同一控制下的企业合并是将合并行为看作是一方购买另一方的交易，

原则上，购买方为了取得对被购买方的控制权而放弃的资产、发生或承担的负债、发行的权益性证券等均应按其在购买日的公允价值计量，所有为进行企业合并而支付对价的公允价值之和，以及发生的各项相关费用作为合并中形成长期股权投资的成本。其中，支付非货币性资产为对价的，所支付的非货币性资产在购买日的公允价值与其账面价值的差额应作为资产处置损益，计入企业合并当期的利润表。

【例5-9】甲公司于2011年3月31日取得了X公司70%的股权，取得该部分股权后能够控制X公司的生产经营决策。合并中，甲公司支付的有关资产在购买日的账面价值与公允价值如表5-2所示。合并中，甲公司为核实X公司的资产价值，聘请专业资产评估机构对X公司的资产进行评估，支付评估费用200万元。本例中假定合并前甲公司与X公司及其股东不存在任何关联方关系。

表5-2　2011年3月31日

单位：元

项　目	账面价值	公允价值
土地使用权	20 000 000	32 000 000
专利技术	8 000 000	10 000 000
银行存款	8 000 000	8 000 000
合　计	36 000 000	50 000 000

注：土地使用权成本为3 000万元，累计摊销1 000万元；专利技术成本为1 000万元，累计摊销200万元。

分析：本例中因甲公司与X公司及其股东在合并前不存在任何关联方关系，应作为非同一控制下的企业合并处理。甲公司对于合并形成的对X公司的长期股权投资，应按支付对价的公允价值确定其初始投资成本。甲公司进行的账务处理如下：

借：长期股权投资　52 000 000

　　累计摊销　12 000 000

　　贷：无形资产　40 000 000

银行存款 10 000 000

营业外收入 14 000 000

此外，通过多次交换交易，分步取得股权最终形成企业合并的，企业合并成本为每一单项交换交易的成本之和。其中，达到企业合并前对持有的长期股权投资采用成本法核算的，长期股权投资在购买日的成本应为原账面余额加上购买日为取得进一步的股份新支付对价的公允价值之和；达到企业合并前对长期股权投资采用权益法等方法核算的，购买日应对权益法下长期股权投资的账面余额进行调整，将有关长期股权投资的账面余额调整至最初取得成本，在此基础上加上购买日新支付对价的公允价值作为购买日长期股权投资的成本。

【例 5－10】甲公司于 2010 年 3 月以 8 000 万元取得 W 公司 30% 的股权，因能够对 W 公司施加重大影响，对所取得的长期股权投资采用权益法核算，于 2010 年确认对 W 公司的投资收益 500 万元。2011 年 4 月，甲公司又斥资 9 000 万元取得 W 公司另外 30% 的股权。本例中假定甲公司在取得对 W 公司的长期股权投资以后，W 公司并未宣告发放现金股利或利润。甲公司按净利润的 10% 提取盈余公积。甲公司对该项长期股权投资未计提任何减值准备。

本例中甲公司是通过分步购买最终达到对 W 公司实施控制，形成企业合并。在购买日，甲公司应进行以下会计处理(假定不考虑所得税影响)：

借：盈余公积 500 000

　　利润分配——未分配利润 4 500 000

　　贷：长期股权投资 5 000 000

借：长期股权投资 90 000 000

　　贷：银行存款 90 000 000

购买日对 W 公司长期股权投资的账面余额 =(8 300 － 300) + 9 000 = 17 000(万元)。

第二节　长期股权投资的后续计量

企业取得的长期股权投资，在确定其初始投资成本后，持续持有期间，视对被投资单位的影响程度等情况的不同，应分别采用成本法及权益法进行核算。

一、长期股权投资的成本法核算

(一)成本法的适用范围

成本法，是指投资按成本计价的方法。按照长期股权投资准则核算的权益性投资中，应当采用成本法核算的分为以下两类：一是，企业持有的对子公司的投资；二是，对被投资单位不具有共同控制或重大影响，且在活跃市场中没有报价、公允价值不能可靠计量的长期股权投资。

准则中要求企业对子公司的长期股权投资在日常核算及母公司个别财务报表中采用成本法核算，主要原因在于：一是，与《企业会计准则第 34 号——合并财务报表》的规定相协调，企业持有的对子公司的投资，在合并财务报表中因为将子公司的资产、负债并入，体现为实质上的权益法。在母公司的日常核算及其个别财务报表中对该投资采用成本法核算，可以使信息反映得更加全面、充分；二是，可以避免在子公司实际宣告发放现金股利或利润之前，母公司垫付资金发放现金股利或利润等情况；三是，与国际财务报告准则的有关规定相协调。

(二)成本法核算的会计处理

1. 初始投资或追加投资的会计处理

采用成本法核算的长期股权投资，初始投资或追加投资时，按照初始投资或追加投资时的成本增加长期股权投资的账面价值，同一控制下的控股合并形成的长期股权投资初始投资成本为合并日取得被合并方账面所有者权益的份额。

2. 投资收益的确定及会计处理

被投资单位宣告分派的现金股利或利润中，投资企业享有的部分，应确认为当期投资收益。投资企业在确认自被投资单位应分得的现金股利或利润后，应当考虑长期股权投资是否发生减值。在判断该类长期股权投资是否存在减值迹象时，应当关注长期股权投资的账面价值是否大于应享有被投资单位净资产(包括相关商誉)账面价值的份额等情况。出现类似情况时，企业应当按照《企业会计准则第 8 号——资产减值》的规定，对长期股权投资进行减值测试，可收回金额低于长期股权投资账面价值的，应当计提减值准备。

【例 5－11】甲公司于2011 年4 月10 日取得Y 公司6%的股权，成本为1 100 万元。2012 年2 月6 日，Y 公司宣告分派利润，甲公司按照持股比例可取得20 万元。假定甲公司在取得Y 公司股权后，对Y 公司的财务和经营决策不具有控制、共同控制或重大影响，且该投资不存在活跃的交易市场、公允价值无法可靠取得。Y 公司于2012 年2 月12 日实际分派利润。

甲公司应进行的账务处理如下：

借：长期股权投资——Y 公司	11 000 000	
贷：银行存款		11 000 000
借：应收股利	200 000	
贷：投资收益		200 000
借：银行存款	200 000	
贷：应收股利		200 000

进行上述处理后，如相关长期股权投资存在减值迹象的，应当进行减值测试。

二、长期股权投资的权益法核算

(一)权益法的适用范围

权益法，是指投资以初始投资成本计量后，在投资持有期间根据投资企业享有被投资单位所有者权益的份额的变动对投资的账面价值进行调整的方法。长期股权投资准则规定，应当采用权益法核算的长期股权投资包括两类：

一是对具有共同控制的合营企业投资；二是对具有重大影响联营企业投资。

在确定能否对被投资单位实施共同控制或重大影响时，应当考虑投资企业和其他方持有的被投资单位当期可转换公司债券、当期可执行认股权证等潜在表决权因素的影响。

“共同控制”是指按照合同约定对某项经济活动共有的控制。其特点是，合营各方均受到合营合同的限制和约束，任何一个合营方均不能单独控制合营企业的生产经营活动，涉及合营企业基本经营活动的决策需要各合营方一致同意。投资企业与其他合营方一同对被投资单位实施共同控制的，被投资单位为投资企业的合营企业。

“重大影响”是指对一个企业的财务和经营政策有参与决策的权力，但并不能够控制或与其他方一起共同控制这些政策的制定。重大影响通常体现为在被投资单位的董事会或类似权力机构中派有代表、参与被投资单位的政策制定过程、与被投资单位之间发生重要交易、向被投资单位派出管理人员或向被投资单位提供关键技术资料等。投资企业能够对被投资单位施加重大影响的情况下，被投资单位为其联营企业。

（二）权益法的核算程序

按照权益法核算的长期股权投资，一般的核算程序为：

（1）初始投资或追加投资时，按照初始投资成本或追加投资的投资成本，增加长期股权投资的账面价值。

（2）比较初始投资成本与投资时应享有被投资单位可辨认净资产公允价值的份额，对于初始投资成本小于应享有被投资单位可辨认净资产公允价值份额的，应对长期股权投资的账面价值进行调整，计入取得投资当期的损益。

（3）持有投资期间，随着被投资单位所有者权益的变动相应调整增加或减少长期股权投资的账面价值，并分别情况处理，对属于因被投资单位实现净损益产生的所有者权益的变动，投资企业按照持股比例计算应享有的份额，增加或减少长期股权投资的账面价值，同时确认为当期投资损益；对被投资单位除净损益以外其他因素导致的所有者权益变动，在持股比例不变的情况下，按照持股比例计算应享有或应分担的份额，增加或减少长期股权投资的账面价值，同时确认为资本公积（其他资本公积）。

(4)被投资单位宣告分派利润或现金股利时，投资企业按持股比例计算应分得的部分，一般应冲减长期股权投资的账面价值。

(三)权益法核算的会计处理

1. 初始投资成本的调整

投资企业取得对联营企业或合营企业的投资以后，对于取得投资时点上投资成本与应享有被投资单位可辨认净资产公允价值份额之间的差额，应区别以下情况进行处理：

(1)投资成本大于取得投资时应享有被投资单位可辨认净资产公允价值份额的，该部分差额体现为投资企业在购入该项投资过程中通过作价体现出的与所取得股权份额相对应的商誉。该部分差额不要求调整长期股权投资的成本。

(2)投资成本小于取得投资时应享有被投资单位可辨认净资产公允价值份额的，两者之间的差额体现为交易双方在作价过程中转让方对投资企业给予的让步或是出于其他方面的考虑给予投资企业的无偿经济利益流入，应计入取得投资当期的损益。

【例5-12】甲公司于2011年1月1日取得乙公司30%的股权，实际支付价款3 500万元。取得投资时被投资单位账面所有者权益的构成如表5-3所示。

表5-3 乙公司于2011年1月1日的所有者权益结构

单位：元

	账面价值	公允价值
实收资本	30 000 000	30 000 000
资本公积	24 000 000	24 000 000
盈余公积	5 000 000	5 000 000
未分配利润	16 000 000	16 000 000
所有者权益总额	75 000 000	75 000 000

假定在乙公司的董事会中，所有股东均以其持股比例行使表决权。甲公司在取得对乙公司的股权后，派人参与了乙公司的财务和生产经营决策。因能够对乙公司的生产经营决策施加重大影响，甲公司对该项投资采用权益法核算。取得投资时，甲公司应进行的账务处理如下：

借：长期股权投资——乙公司——成本　35 000 000

　贷：银行存款　35 000 000

长期股权投资的成本3 500万元大于取得投资时应享有乙公司可辨认净资产公允价值的份额2 250万元(7 500×30%)，不对其初始投资成本进行调整。

假定上例中取得投资时乙公司可辨认净资产公允价值为12 000万元，甲公司按持股比例30%计算确定应享有3 600万元，则初始投资成本与应享有乙公司可辨认净资产公允价值份额之间的差额100万元，应计入取得投资当期的损益。

借：长期股权投资——乙公司——成本　36 000 000

　贷：银行存款　35 000 000

　　营业外收入　1 000 000

2. 投资损益的确定

在确认应享有或应分担被投资单位的净利润或净亏损时，如果取得投资时被投资单位各项资产、负债的公允价值与其账面价值不同的，投资企业在计算确定投资收益时，不能完全以被投资单位自身核算的净利润与持股比例计算确定，而是需要在被投资单位实现净利润的基础上经过适当调整后确定。

在确认应享有被投资单位的净利润或净亏损时，主要应考虑以下因素对被投资单位净利润的影响：

(1)以取得投资时被投资单位固定资产、无形资产的公允价值为基础计提的折旧额或摊销额对被投资单位净利润的影响。如取得投资时，被投资单位固定资产的公允价值高于账面价值，对于投资企业来讲，相关固定资产的折旧额应以取得投资时该固定资产的公允价值为基础确定，并根据被投资单位已计提的折旧额与对于投资企业来讲应计提的折旧额之间的差额，对被投资单位的净利润进行调整。

(2)被投资单位有关长期资产以投资企业取得投资时的公允价值为基础计算确定的减值准备金额对被投资单位净利润的影响。

(3)被投资单位采用的会计政策和会计期间与投资企业不一致时，应按投资企业的会计政策和会计期间对被投资单位的财务报表进行调整，以调整后的净利润为基础计算确认投资损益。

投资企业无法合理确定取得投资时被投资单位各项可辨认资产公允价值的，或者投资时被投资单位可辨认资产的公允价值与账面价值相比，两者之间的差额不具有重要性的，或是无法取得对被投资单位净利润进行调整所需资料的，可以按照被投资单位的账面净利润与持股比例计算的结果直接确认为投资损益。

【例5-13】沿用**【例5-12】**，假定甲公司长期股权投资的成本大于取得投资时乙公司可辨认净资产公允价值份额的情况下，2011年乙公司实现净利润500万元。甲公司、乙公司均以公历年度作为会计年度，采用相同的会计政策。由于投资时乙公司各项资产、负债的账面价值与其公允价值相同，不需要对乙公司的净利润进行调整，甲公司应确认的投资收益为150万元(500×30%)，一方面增加长期股权投资的账面价值，另一方面作为利润表中的投资收益确认。甲公司的会计处理如下：

借：长期股权投资——乙公司——损益调整　　1 500 000

　贷：投资收益——乙公司　　1 500 000

【例5-14】甲公司于2011年1月2日购入乙公司30%的股份，购买价款为2 000万元，并自取得股份之日起派人参与乙公司的生产经营决策。取得投资日，乙公司可辨认净资产公允价值为6 000万元，除下列项目外，其他资产、负债的公允价值与账面价值相同。

表5-4　其他资产的公允价值与账面价值

单位：元

	账面原价	已提折旧	公允价值	原预计使用年限	剩余使用年限
存货	5 000 000		7 000 000		

（续表）

	账面原价	已提折旧	公允价值	原预计使用年限	剩余使用年限
固定资产	10 000 000	2 000 000	12 000 000	20	16
无形资产	6 000 000	1 200 000	8 000 000	10	8
小计	21 000 000	3 200 000	27 000 000		

假定乙公司2011年实现净利润600万元，其中，在甲公司取得投资时的账面存货500万元中有80%对外出售。甲公司与乙公司的会计年度和采用的会计政策相同。

甲公司在确定其应享有乙公司2011年的投资收益时，应在乙公司实现净利润的基础上，根据取得投资时有关资产的账面价值与其公允价值差额的影响进行调整(假定不考虑所得税影响)。

调整后的净利润 = 600 - (700 - 500) × 80% - (1 200 ÷ 16 - 1 000 ÷ 20) - (800 ÷ 8 - 600 ÷ 10) = 375（万元），

甲公司应享有份额 = 375 × 30% = 112.50(万元)。

借：长期股权投资——乙公司——损益调整　　1 125 000

　　贷：投资收益　　1 125 000

在确认投资收益时，除考虑有关资产、负债的公允价值与账面价值差异的调整外，对于投资企业与其联营企业和合营企业之间发生的未实现内部交易损益也应予以抵销。即投资企业与联营企业及合营企业之间发生的未实现内部交易损益按照持股比例计算归属于投资企业的部分应当予以抵销，在此基础上确认投资损益。投资企业与被投资单位发生的内部交易损失，按照《企业会计准则第8号——资产减值》等规定属于资产减值损失的，应当全额确认。投资企业对于纳入其合并范围的子公司与其联营企业及合营企业之间发生的内部交易损益，也应当按照上述原则进行抵销，在此基础上确认投资损益。

应当注意的是，该未实现内部交易损益的抵销既包括顺流交易也包括逆流交易。当该未实现内部交易损益体现在投资企业或其联营企业、合营企业持有的资产账面价值中时，相关的损益在计算确认投资损益时应予抵销。

(1)逆流交易。逆流交易是指联营企业或合营企业向投资企业出售资产的交易。对于联营企业或合营企业向投资企业出售资产的逆流交易，在该交易存在未实现内部交易损益的情况下(即有关资产未对外部独立第三方出售)，投资企业在采用权益法计算确认应享有联营企业或合营企业的投资损益时，应抵销该未实现内部交易损益的影响。当投资企业自其联营企业或合营企业购买资产时，在将该资产出售给外部独立的第三方之前，不应确认联营企业或合营企业因该交易产生的损益中本企业应享有的部分。

因逆流交易产生的未实现内部交易损益，在未对外部独立第三方出售之前，体现在投资企业持有资产的账面价值中。投资企业对外编制合并财务报表的，应在合并财务报表中对长期股权投资及包含未实现内部交易损益的资产的账面价值进行调整，抵销有关资产账面价值中包含的未实现内部交易损益，并相应调整对联营企业或合营企业的长期股权投资。

【例5-15】甲公司于2011年1月1日取得乙公司20%有表决权的股份，能够对乙公司施加重大影响。甲公司取得该项投资时，乙公司各项可辨认资产、负债的公允价值与其账面价值相同。2011年8月，乙公司将其成本为90万元的某商品以150万元的价格出售给甲公司，甲公司将取得的商品作为存货。至2011年12月31日，甲公司仍未对外出售该存货。乙公司2011年实现净利润480万元。假定不考虑所得税因素。

甲公司在按照权益法确认应享有乙公司2011年净损益时，应进行以下账务处理：

借：长期股权投资——乙公司(损益调整)

[(480-60)×20%]840 000

贷：投资收益 840 000

进行上述处理后，甲公司如需要编制合并财务报表，在合并财务报表中，因该未实现内部交易损益体现在甲公司持有存货的账面价值当中，应在合并财务报表中进行以下调整：

借：长期股权投资——乙公司(损益调整)

[(150-90)×20%]120 000

贷：存货　　120 000

假定2012年甲公司将该商品以180万元对外部独立第三方出售，因该部分内部交易损益已经实现，甲公司在确认应享有乙公司2012年净损益时，应考虑将原来未确认的该部分内部交易损益计入投资损益，即应在考虑其他因素计算确定的投资损益的基础上调整增加12万元。假定乙公司2012年实现的净利润为3 000万元。甲公司的账务处理如下：

借：长期股权投资——乙公司(损益调整)

[(300+60)×20%]720 000

贷：投资收益　　720 000

(2)顺流交易。顺流交易是指投资企业向其联营企业或合营企业出售资产的交易。对于投资企业向联营企业或合营企业出售资产的顺流交易，在该交易存在未实现内部交易损益的情况下，即有关资产未对外部独立第三方出售，投资企业在采用权益法计算确认应享有联营企业或合营企业的投资损益时，应抵销该未实现内部交易损益的影响，同时，调整对联营企业或合营企业长期股权投资的账面价值。

【例5-16】甲公司持有乙公司20%有表决权的股份，能够对乙公司施加重大影响。2010年，甲公司将其账面价值为90万元的商品以150万元的价格出售给乙公司。至2010年12月31日，乙公司未将该批商品对外部独立第三方出售。甲公司取得该项投资时，乙公司各项可辨认资产、负债的公允价值与其账面价值相同，两者在以前期间未发生过内部交易。乙公司2010年实现净利润300万元。假定不考虑所得税因素。

甲公司在该项交易中实现净利润60万元，其中，12万元是针对本公司持有的对联营企业的权益份额，在采用权益法计算确认投资损益时应予抵销，甲公司应当进行如下账务处理：

借：长期股权投资——乙公司(损益调整)

[(300-60)×20%]480 000

贷：投资收益　　480 000

甲公司如需编制合并财务报表，在合并财务报表中对该未实现内部交易损益应进行如下调整：

借：营业收入　　　　　　　　　　　　　　　　(150 × 20%)300 000

　　贷：营业成本　　　　　　　　　　　　　　　(90 × 20%)180 000

　　　　投资收益　　　　　　　　　　　　　　　　　　　　120 000

应当说明的是，投资企业与其联营企业及合营企业之间发生的，无论是顺流交易还是逆流交易产生的未实现内部交易损失，属于所转让资产发生减值损失的，有关的未实现内部交易损失不应予以抵销。

(3)合营方向合营企业投出非货币性资产产生损益的处理。合营方向合营企业投出或出售非货币性资产的相关损益，应当按照以下原则处理：

符合下列情况之一的，合营方不应确认该类交易的损益：① 与投出非货币性资产所有权有关的重大风险和报酬没有转移给合营企业。② 投出非货币性资产的损益无法可靠计量。③ 投出非货币性资产交易不具有商业实质。

合营方转移了与投出非货币性资产所有权有关的重大风险和报酬，并且投出资产留给合营企业使用的，应在该项交易中确认归属于合营企业其他合营方的利得和损失。交易表明投出或出售的非货币性资产发生减值损失的，合营方应当全额确认该部分损失。

在投出非货币性资产的过程中，合营方除了取得合营企业的长期股权投资外，还取得了其他货币性或非货币性资产的，应当确认该项交易中与所取得的其他货币性、非货币性资产相关的损益。

2. 取得现金股利或利润的处理

按照权益法核算的长期股权投资，投资企业自被投资单位取得的现金股利或利润，应区别以下情况分别处理：

(1)自被投资单位分得的现金股利或利润未超过已确认投资损益的，应抵减长期股权投资的账面价值。在被投资单位宣告分派现金股利或利润时，借记“应收股利”科目，贷记“长期股权投资(损益调整)”科目。

(2)自被投资单位取得的现金股利或利润超过已确认投资收益部分，但未超过投资以后被投资单位实现的账面净利润中本企业享有的份额，应作为投资收益处理。被投资单位宣告分派现金股利或利润时，按照应分得的现金股利或利润金额，借记“应收股利”科目，按照应分得的现金股利或利润未超过账面已确认投资收益的金额，贷记“长期股权投资(损益调整)”科目，上述借贷方差额，贷记“投资收益”科目。

(3)自被投资单位取得的现金股利或利润超过已确认的投资收益，同时也超过了投资以后被投资单位实现的账面净利润中本企业按持股比例计算应享有的部分，该部分金额应作为投资成本的收回。

3. 超额亏损的确认

权益法下，投资企业确认应分担被投资单位发生的损失，原则上应以长期股权投资及其他实质上构成长期权益的项目减记至零为限，投资企业负有承担额外损失义务的除外。这里所讲的“其他实质上构成长期权益的项目”主要是指长期性的应收项目等，应收被投资单位的长期债权从目前来看没有明确的清偿计划并且在可预见的未来期间也不可能进行清偿的，从实质上来看，即构成长期权益。

采用权益法核算的情况下，投资企业在确认应分担被投资单位发生的亏损时，应按照以下顺序处理：

(1)减记长期股权投资的账面价值。

(2)在长期股权投资的账面价值减记至零的情况下，考虑是否有其他构成长期权益的项目，如果有，则以其他实质上构成对被投资单位长期权益的账面价值为限，继续减记。

(3)最后，在有关其他实质上构成对被投资单位长期权益的价值也减记至零的情况下，如果按照投资合同或协议约定，投资企业需要承担额外义务的，则需按预计将承担责任的金额确认相关的损失。

除按上述顺序已确认的损失以外仍有额外损失的，应在账外作备查登记，不再予以确认。

在确认了有关投资损失以后，被投资单位于以后期间实现盈利的，应按以上相反的顺序恢复其他实质上构成对被投资单位净投资的长期权益及长期股权投资的账面价值。

【例5－17】甲公司持有乙公司40%的股权，2010年12月31日的账面价值为200万元，包括投资成本以及因乙公司实现净利润而确认的投资收益。乙公司2011年由于一项主要经营业务市场条件发生变化，当年度发生亏损300万元。假定甲公司在取得投资时，乙公司各项可辨认资产、负债的公允价值与其账面价值相同，采用的会计政策和会计期间也相同。则甲公司2011年应确认的投资损失为120万元。确认上述投资损失后，长期股权投资的账面价值变为80万元。

如果乙公司2011年的亏损额为600万元，则甲公司按其持股比例确认应分担的损失为240万元(600×40%)，但期初长期股权投资的账面价值仅为200万元，如果没有其他实质上构成对被投资单位净投资的长期权益项目，则甲公司应确认的投资损失仅为200万元，超额损失在账外进行备查登记；如果在确认了200万元的投资损失后，甲公司账上仍有应收乙公司的长期应收款80万元(实质上构成对乙公司净投资)，则在长期应收款的账面价值大于40万元的情况下，应进一步确认投资损失40万元。甲公司应进行的账务处理为：

借：投资收益　　2 400 000

　　贷：长期股权投资——乙公司(成本、损益调整)　　2 000 000

　　　　长期应收款——乙公司(超额亏损)　　400 000

4. 被投资单位除净损益外所有者权益的其他变动

采用权益法核算时，投资企业对于被投资单位除净损益以外所有者权益的其他变动，在持股比例不变的情况下，应按照持股比例与被投资单位除净损益以外所有者权益的其他变动中归属于本企业的部分，相应调整长期股权投资的账面价值，同时，增加或减少资本公积。

【例5-18】甲企业持有乙企业30%的股份，能够对乙企业施加重大影响。当期乙企业因持有的可供出售金融资产公允价值的变动计入资本公积的金额为800万元，除该事项外，乙企业当期实现的净损益为1 500万元。假定甲企业与乙企业适用的会计政策、会计期间相同，投资时，乙企业有关资产、负债的公允价值与其账面价值相同。甲企业在确认应享有被投资单位所有者权益的变动时作出如下账务处理：

借：长期股权投资——损益调整　　4 500 000

　　　　　　　　——其他权益变动　　2 400 000

贷：投资收益	4 500 000
资本公积——其他资本公积	2 400 000

5. 股票股利的处理

被投资单位分派的股票股利，投资企业不作账务处理，但应于除权日注明所增加的股数，以反映股份的变化情况。

第三节　长期股权投资核算方法的转换

长期股权投资在持有期间，因各方面情况的变化，可能导致其会计核算需要由一种方法转换为另外一种方法。企业在会计实务中涉及到长期股权投资核算方法的转换时，应分别以下原则进行处理。

一、成本法转换为权益法

长期股权投资的核算由成本法转为权益法时，应区别形成该转换的不同情况进行处理。

(1)原持有的对被投资单位不具有控制、共同控制或重大影响，在活跃市场中没有报价、公允价值不能可靠计量的长期股权投资，因追加投资导致持股比例上升，能够对被投资单位施加重大影响或者实施共同控制的。

在自成本法转为权益法时，应区分原持有的长期股权投资以及追加长期股权投资两部分分别处理。

原持有长期股权投资的账面余额与按照原持股比例计算确定应享有原取得投资时被投资单位可辨认净资产公允价值份额之间的差额，属于通过投资作价体现的商誉部分，即原取得投资时投资成本大于应享有被投资单位可辨认净资产公允价值份额的部分，不调整长期股权投资的账面价值；属于原取得投资时因投资成本小于应享有被投资单位可辨认净资产公允价值份额的差额，一方面应调整长期股权投资的账面价值，同时，调整留存收益。具体处理如图 5－1 所示。

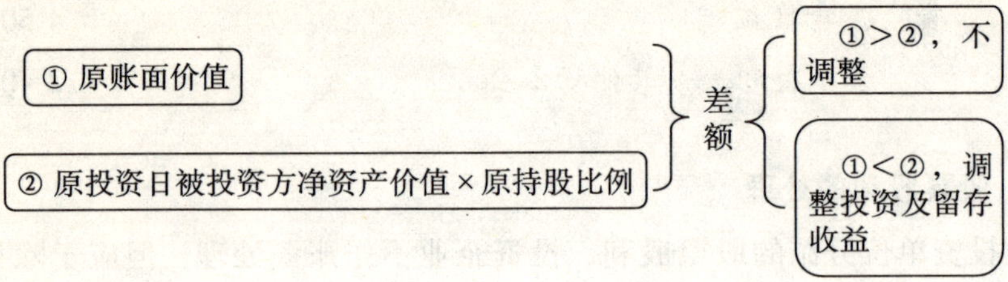

图 5－1　因增资由成本法转权益法时对原始投资的处理

对于新取得的股权部分，应比较新增投资的成本与取得该部分投资时应享有被投资单位可辨认净资产公允价值的份额，其中，投资成本大于投资时应享有被投资单位可辨认净资产公允价值份额的，不调整长期股权投资的成本；投资成本小于应享有被投资单位可辨认净资产公允价值份额的，应调整增加长期股权投资的成本，同时，计入取得当期的营业外收入。

上述与原持股比例相对应的商誉或是应计入留存收益的金额与新取得投资过程中体现的商誉及计入当期损益的金额应综合考虑，在此基础上确定与整体投资相关的商誉或是因投资成本小于应享有被投资单位可辨认净资产公允价值的份额，应计入留存收益或是损益的金额。

对于原取得投资后至追加投资的交易日之间被投资单位可辨认净资产公允价值的变动相对于原持股比例的部分，属于在此期间被投资单位实现的净损益中应享有份额的，应调整长期股权投资的账面价值，同时，对于原取得投资时至追加投资当期期初按照原持股比例计算应享有被投资单位实现的净损益，应调整留存收益，对于追加投资当期期初至追加投资交易日之间享有被投资单位的净损益，应计入当期损益；属于其他原因导致的被投资单位可辨认净资产公允价值变动中应享有的份额，在调整长期股权投资账面价值的同时，应当记入“资本公积——其他资本公积”科目，具体处理如图 5－2 所示。

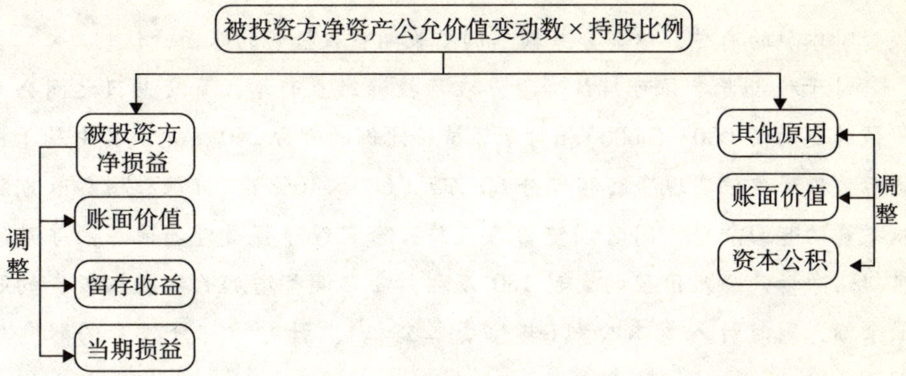

图 5－2　因增资由成本法转权益法时对公允价值变动的处理

【例 5－19】甲公司于 2010 年 2 月取得乙公司 10% 的股权，成本为 600 万元，取得投资时乙公司可辨认净资产公允价值总额为 5 600 万元(假定公允价值与账面价值相同)。因对被投资单位不具有重大影响且无法可靠确定该项投资的公允价值，甲公司对其采用成本法核算。本例中，甲公司按照净利润的 10% 提取盈余公积。

2011 年 4 月 10 日，甲公司又以 1 200 万元的价格取得乙公司 12% 的股权，当日乙公司可辨认净资产公允价值总额为 8 000 万元。取得该部分股权后，按照乙公司章程规定，甲公司能够派人参与乙公司的生产经营决策，对该项长期股权投资转为采用权益法核算。

本例中假定甲公司在取得对乙公司 10% 股权后至新增投资日，乙公司通过生产经营活动实现的净利润为 600 万元，未派发现金股利或利润。除所实现净利润外，未发生其他计入资本公积的交易或事项。

(1)2011 年 4 月 10 日，甲公司应确认对乙公司的长期股权投资：

借：长期股权投资　　　　12 000 000

　　贷：银行存款　　　　12 000 000

(2) 对长期股权投资账面价值的调整：

确认该部分长期股权投资后，甲公司对乙公司投资的账面价值为1 800 万元。

① 对于原 10% 股权的成本 600 万元与原投资时应享有被投资单位可辨认净资产公允价值份额 560 万元(5 600 ×10%)之间的差额 40 万元，属于原

投资时体现的商誉，该部分差额不调整长期股权投资的账面价值。

对于被投资单位可辨认净资产在原投资时至新增投资交易日之间公允价值的变动(8 000 - 5 600)相对于原持股比例的部分240万元，其中属于投资后被投资单位实现净利润部分60万元(600 × 10%)，应调整增加长期股权投资的账面余额，同时调整留存收益；除实现净损益外其他原因导致的可辨认净资产公允价值的变动180万元，应当调整增加长期股权投资的账面余额，同时计入资本公积(其他资本公积)。针对该部分投资的账务处理为：

借：长期股权投资　　2 400 000

　　贷：资本公积——其他资本公积　　1 800 000

　　　　盈余公积　　60 000

　　　　利润分配——未分配利润　　540 000

② 对于新取得的股权，其成本为1 200万元，与取得该投资时按照持股比例计算确定应享有被投资单位可辨认净资产公允价值的份额960万元(8 000 × 12%)之间的差额为投资作价中体现的商誉，该部分商誉不要求调整长期股权投资的成本。

(2)因处置投资导致对被投资单位的影响能力由控制转为具有重大影响或者与其他投资方一起实施共同控制的。首先，应按处置或收回投资的比例结转应终止确认的长期股权投资成本。在此基础上，应当比较剩余的长期股权投资成本与按照剩余持股比例计算原投资时应享有被投资单位可辨认净资产公允价值的份额，属于投资作价中体现的商誉部分不调整长期股权投资的账面价值；属于投资成本小于原投资时应享有被投资单位可辨认净资产公允价值份额的，在调整长期股权投资成本的同时，应调整留存收益。对于原取得投资后至处置投资导致转变为权益法核算之间被投资单位实现的净损益中应享有的份额，一方面应调整长期股权投资的账面价值，另一方面，对于原取得投资时至处置投资当期期初被投资单位实现的净损益(扣除已发放及已宣告发放的现金股利或利润)中应享有的份额，调整留存收益，对于处置投资当期期初至处置投资之日被投资单位实现的净损益中享有的份额，调整当期损益；其他原因导致被投资单位所有者权益变动中应享有的份额，在调整长期股权投资账面价值的同时，应当记入“资本公积——其他资本公积”科目。

长期股权投资自成本法转为权益法后，未来期间应当按照《企业会计准则第2号——长期股权投资》规定计算确认应享有被投资单位实现的净损益及所有者权益其他变动的份额。

【例5-20】甲公司原持有乙公司60%的股权，其账面余额为600万元，未计提减值准备。2008年12月6日，甲公司将其持有的对乙公司长期股权投资中的1/3出售给某企业，出售取得价款360万元，当日被投资单位可辨认净资产公允价值总额为1 600万元。甲公司原取得乙公司60%股权时，乙公司可辨认净资产公允价值总额为900万元(假定公允价值与账面价值相同)。自甲公司取得对乙公司长期股权投资后至部分处置投资前，乙公司实现净利润500万元。假定乙公司一直未进行利润分配。除所实现净损益外，乙公司未发生其他计入资本公积的交易或事项。本例中，甲公司按净利润的10%提取盈余公积。

在出售20%的股权后，甲公司对乙公司的持股比例为40%，在被投资单位董事会中派有代表，但不能对乙公司的生产经营决策实施控制。对乙公司长期股权投资应由成本法改为权益法核算。

① 确认长期股权投资处置损益：

借：银行存款	3 60 000	
贷：长期股权投资		200 000
投资收益		160 000

② 调整长期股权投资账面价值：

剩余长期股权投资的账面价值为400万元，与原投资时应享有被投资单位可辨认净资产公允价值份额之间的差额40万元(400-900×40%)作为商誉，该部分商誉的价值不需要对长期股权投资的成本进行调整。

处置投资以后按照持股比例计算享有被投资单位自购买日至处置投资日期间实现的净损益为200万元(500×40%)，应调整增加长期股权投资的账面价值，同时调整留存收益。企业应进行以下账务处理：

借：长期股权投资 2 000 000

贷：盈余公积 200 000

利润分配——未分配利润 1 800 000

二、权益法转换为成本法

因追加投资导致原持有的对联营企业或合营企业的投资转变为对子公司投资的，长期股权投资账面价值的调整应当按照分步实现企业合并的原则处理。除此之外，因减少投资导致长期股权投资的核算由权益法转换为成本法（投资企业对被投资单位不具有控制、共同控制或重大影响的，并且在活跃市场中没有报价，公允价值不能可靠计量的长期股权投资）的，应以转换时长期股权投资的账面价值作为按照成本法核算的基础。

【例5－22】甲公司持有乙公司30%的有表决权股份，因能够对乙公司的生产经营决策施加重大影响，采用权益法核算。2009年10月，甲公司将该项投资中的50%对外出售，出售以后，无法再对乙公司施加重大影响，且该项投资不存在活跃市场，公允价值无法可靠确定，出售以后转为采用成本法核算。出售时，该项长期股权投资的账面价值为320万元，其中，投资成本260万元，损益调整为60万元，出售取得价款180万元。甲公司确认处置损益相关的会计分录如下：

借：银行存款 1 800 000

贷：长期股权投资 1 600 000

投资收益 200 000

处置投资后，该项长期股权投资的账面价值为160万元，其中包括投资成本130万元，原确认的损益调整30万元。假定在转换时被投资单位的账面留存收益为260万元，则甲公司未来期间自乙公司分得现金股利或利润时，取得的现金股利或利润未超过按持股比例计算享有的分配原留存收益260万元的金额，应冲减长期股权投资的账面价值，超过部分确认为投资收益。

第四节　长期股权投资的减值与处置

一、长期股权投资的减值

长期股权投资在按照规定进行核算确定其账面价值的基础上，如果存在减值迹象的，应当按照相关准则的规定计提减值准备。其中，对子公司、联营企业及合营企业的投资，应当按照《企业会计准则第 8 号——资产减值》的规定，确定其可收回金额及应计提的减值准备；企业持有的对被投资单位不具有共同控制或重大影响，在活跃市场中没有报价、公允价值不能可靠计量的长期股权投资，应当按照《企业会计准则第 22 号——金融工具确认和计量》的规定确定其可收回金额及应计提的减值准备。

二、长期股权投资的处置

企业处置长期股权投资时，应相应结转与所售股权相对应的长期股权投资的账面价值，出售所得价款与处置长期股权投资账面价值之间的差额，应确认为处置损益。

采用权益法核算的长期股权投资，原计入资本公积的金额，在处置时也应进行结转，将与所出售股权相对应的部分在处置时自资本公积转入当期损益。

【例 5－23】甲公司原持有公司 40% 的股权，2011 年 11 月 30 日，甲公司出售所持有乙公司股权中的 25%，出售时，甲公司账面上对乙公司长期股权投资的构成如下：投资成本 3 600 万元，损益调整为 960 万元，其他权益变动 600 万元。出售取得价款 1 410 万元。

① 甲公司确认处置损益的账务处理如下：

借：银行存款	14 100 000	
贷：长期股权投资——乙公司（成本）		9 000 000
——（损益调整）		2 400 000
——（其他权益变动）		1 500 000

投资收益　　　　　　　　　　　　　　　　　　　　1 200 000

② 除应将实际取得价款与出售长期股权投资的账面价值进行结转，确认为处置当期损益外，还应将原计入资本公积的部分按比例转入当期损益。

借：资本公积——其他资本公积（乙公司）　　　　　　1 500 000

　　贷：投资收益　　　　　　　　　　　　　　　　　1 500 000

【例 5-24】 甲企业原持有乙企业 40% 的股权，2010 年 12 月 20 日，甲企业决定出售其持有的乙企业股权的 1/4，出售时甲企业账面上对乙企业长期股权投资的构成如下：投资成本 1 200 万元，损益调整 320 万元，其他权益变动 200 万元，出售取得价款 470 万元。

甲企业应确认的处置损益：

借：银行存款　　　　　　　　　　　　　　　　　4 700 000

　　贷：长期股权投资　　　　　　　　　　　　　　4 300 000

　　　　投资收益　　　　　　　　　　　　　　　　400 000

同时，还应将原计入资本公积的部分按比例转入当期损益：

借：资本公积——其他资本公积　　　　　　　　　　500 000

　　贷：投资收益　　　　　　　　　　　　　　　　500 000

第六章　金融资产投资及会计处理

第一节　金融资产概述

企业的金融资产主要包括库存现金、应收账款、应收票据、应收利息、应收股利、其他应收款、贷款、债权投资、股权投资、基金投资、衍生金融资产等。

企业应当结合自身的业务特点和风险管理要求，将取得的金融资产在初始确认时分为以下几类：① 以公允价值计量且其变动计入当期损益的金融资产。② 持有至到期投资。③ 贷款和应收款项。④ 可供出售金融资产。金融资产的分类如图 6－1 所示。上述分类一经确定，不得随意变更。

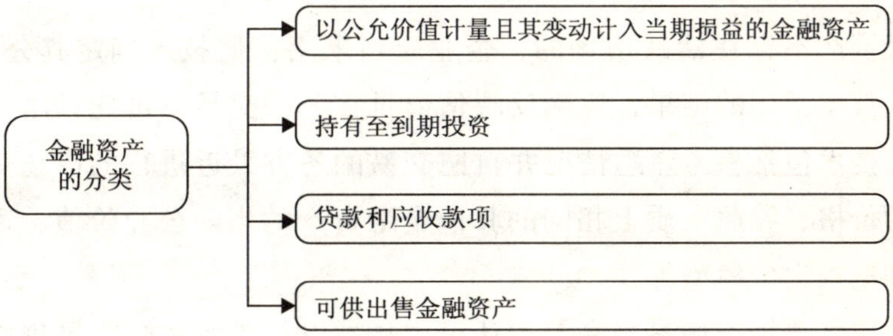

图 6－1　金融资产的分类

公允价值是指在公平交易中，熟悉情况的交易双方自愿进行资产交换或者债务清偿的金额。在公平交易中，交易双方应当是持续经营的企业，不打算或不需要进行清算、重大缩减经营规模，或在不利条件下仍进行交易。

一、存在活跃市场的金融资产公允价值的确定

存在活跃市场的金融资产，活跃市场中的报价应当用于确定其公允价值。活跃市场中的报价是指易于定期从交易所、经纪商、行业协会、定价服务机构等获得的价格，且代表了在公平交易中实际发生的市场交易的价格。

(1)在活跃市场上，企业已持有的金融资产的报价，应当是现行出价；企业拟购入的金融资产的报价，应当是现行要价。

(2)企业持有可抵销市场风险的资产时，可采用市场中间价确定可抵销市场风险头寸的公允价值；同时，用出价或要价作为确定净敞口的公允价值。

(3)金融资产没有现行出价或要价，但最近交易日后经济环境没有发生重大变化的，企业应当采用最近交易的市场报价确定该金融资产的公允价值。最近交易日后经济环境发生了重大变化时，企业应当参考类似金融资产的现行价格或利率，调整最近交易的市场报价，以确定该金融资产的公允价值。

企业有足够的证据表明最近交易的市场报价不是公允价值，应当对最近交易的市场报价作出适当调整，以确定该金融资产的公允价值。

(4)金融资产组合的公允价值，应当根据该组合内单项金融资产的数量与单位市场报价共同确定。

二、不存在活跃市场的金融资产公允价值的确定

金融资产不存在活跃市场的，企业应当采用估值技术确定其公允价值。采用估值技术得出的结果，应当反映估值日在公平交易中可能采用的交易价格。估值技术包括参考熟悉情况并自愿交易的各方最近进行的市场交易中可能使用的价格、参照实质上相同的其他金融资产的当前公允价值、现金流量折现法和期权定价模型等。

企业应当选择市场参与者普遍认可、且被以往市场实际交易价格验证具有可靠性的估值技术确定金融工具的公允价值。

(1)采用估值技术确定金融资产的公允价值时，应当尽可能使用市场参与者在金融资产定价时考虑的所有市场参数，包括无风险利率、信用风险、外汇汇率、商品价格、股价或股价指数、金融工具价格未来波动率、提前偿还风险、金融资产或金融负债的服务成本等，尽可能不使用与企业特定相关的参数。

(2)企业应当定期使用没有经过修正或重新组合的金融资产公开交易价格校正所采用的估值技术，并测试该估值技术的有效性。

(3)金融资产的交易价格应当作为其初始确认时的公允价值的最好证据，但有客观证据表明相同金融资产公开交易价格更公允，或采用仅考虑公开市场参数的估值技术确定的结果更公允的，不应当采用交易价格作为初始确认

时的公允价值，而应当采用更公允的交易价格或估值结果确定公允价值。

(4)初始取得的金融资产应当以市场交易价格作为确定其公允价值的基础。

(5)估值技术中折现率应当区别以下情况确定。

① 债务工具的公允价值，应当根据取得日或发行日的市场情况和当前市场情况，或其他类似债务工具(即有类似的剩余期限、现金流量模式、标价币种、信用风险、担保和利率基础等)的当前市场利率确定。

② 债务人的信用风险和适用的信用风险贴水在债务工具发行后没有改变的，可使用基准利率估计当前市场利率确定债务工具的公允价值。债务人的信用风险和相应的信用风险贴水在债务工具发行后发生改变的，应当参考类似债务工具的当前价格或利率，并考虑金融工具之间的差异调整，确定债务工具的公允价值。

③ 企业采用未来现金流量折现法确定金融资产公允价值的，应当使用合同条款和特征在实质上相同的其他金融资产的市场收益率作为折现率。金融资产的条款和特征，包括金融资产本身的信用质量、合同规定采用固定利率计息的剩余期间、支付本金的剩余期间以及支付时采用的货币等。

(6)没有标明利率的短期应收款项的现值与实际交易价格相差很小的，可以按照实际交易价格计量。

(7)在活跃市场中没有报价的权益工具投资，以及与该权益工具挂钩并须通过交付该权益工具结算的衍生工具，满足下列条件之一的，标明其公允价值能够可靠计量：

① 该金融工具公允价值合理估计数的变动区间很小。

② 该金融工具公允价值变动区间内，各种用于确定公允价值估计数的概率能够合理地确定。

第二节　以公允价值计量且其变动计入当期损益的金融资产及会计处理

以公允价值计量且其变动计入当期损益的金融资产，可以进一步分为交易性金融资产和直接指定为以公允价值计量且其变动计入当期损益的金融资产。

一、交易性金融资产

（一）交易性金融资产

满足以下条件之一的金融资产，应当划分为交易性金融资产，如图6－2所示。

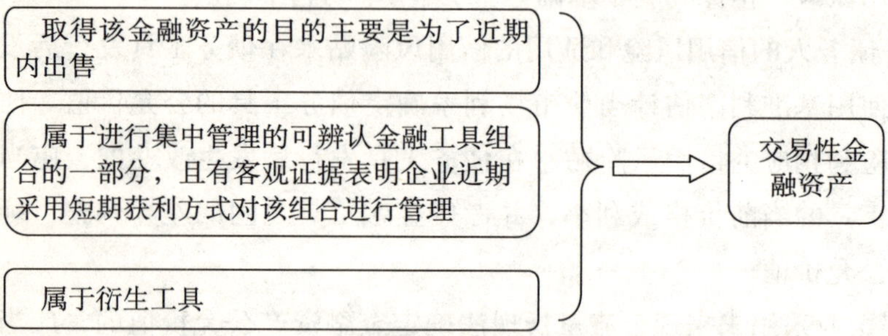

图6－2　交易性金融资产的满足条件

（1）取得该金融资产的目的主要是为了近期内出售。例如，企业以赚取差价为目的从二级市场购入的股票、债券和基金等。

（2）属于进行集中管理的可辨认金融工具组合的一部分，且有客观证据表明企业近期采用短期获利方式对该组合进行管理。在这种情况下，即使组合中有某个组成项目持有的期限稍长也不受影响。

（3）属于衍生工具。但是，被指定为有效套期工具的衍生工具、属于财务担保合同的衍生工具、与在活跃市场中没有报价且其公允价值不能可靠计量的权益工具投资挂钩并须通过交付该权益工具结算的衍生工具除外。其中，财务担保合同是指保证人和债权人约定，当债务人不履行债务时，保证人按照约定履行债务或者承担责任的合同。

（二）直接指定为以公允价值计量且其变动计入当期损益的金融资产

企业不能随意将某项金融资产直接指定为以公允价值计量且其变动计入当期损益的金融资产。只有满足下列条件之一时，企业才能将某项金融资产直接指定为以公允价值计量且其变动计入当期损益的金融资产。

（1）该指定可以消除或明显减少由于该金融资产的计量基础不同而导致的

相关利得或损失在确认和计量方面不一致的情况。

设立这项条件，目的在于通过直接指定为以公允价值计量，并将其变动计入当期损益，以消除会计上可能存在的不配比现象。例如，按照金融工具确认和计量准则规定，有些金融资产可以被指定或划分为可供出售金融资产，从而其公允价值变动计入所有者权益，但与之直接相关的金融负债却划分为以摊余成本进行后续计量的金融负债，从而导致“会计不配比”。但是，如果将以上金融资产和金融负债均直接指定为以公允价值计量且其变动计入当期损益的金融资产或金融负债，那么就能够消除这种会计不配比的现象。

(2)企业的风险管理或投资策略的正式书面文件已载明，该金融资产组合等以公允价值为基础进行管理、评价并向关键管理人员报告。

此项条件着重企业日常管理和评价业绩的方式，而不是关注金融工具组合中各组成部分的性质。例如，风险投资机构、证券投资基金或类似会计主体，其经营活动的主要目的在于从投资工具的公允价值变动中获取回报，它们在风险管理或投资策略的正式书面文件中对此也有清楚的说明。

在活跃市场中没有报价、公允价值不能可靠计量的权益工具投资，不得指定为以公允价值计量且其变动计入当期损益的金融资产。

以上所指活跃市场是指同时具有下列特征的市场：① 市场内交易的对象具有同质性。② 可随时找到自愿交易的买方和卖方。③ 市场价格信息是公开的。

二、交易性金融资产的会计处理

以公允价值计量且其变动计入当期损益的金融资产的会计处理，着重于该金融资产与金融市场的紧密结合，反映该类金融资产相关市场变量变化对其价值的影响，进而对企业财务状况和经营成果的影响。

(一)初始确认

企业初始确认金融资产时，应当按照公允价值计量。对于以公允价值计量且其变动计入当期损益的金融资产或金融负债，相关交易费用应当直接计入当期损益。其中，金融资产的公允价值应当以市场的交易价格为基础确定。

交易费用是指可直接归属于购买、发行或处置金融工具新增的外部费用。新增的外部费用是指企业不购买、发行或处置金融工具就不会发生的费用，包括支付给代理机构、咨询公司、券商等的手续费和佣金及其他必要支出，不包括债券溢价、折价、融资费用、内部管理成本及其他不直接相关的费用，交易费用构成实际利率的组成部分。

企业取得金融资产所支付的价款中包含的已宣告但尚未发放的债券利息或现金股利，应当单独确认为应收项目进行处理。

(二)后续计量

以公允价值计量且其变动计入当期损益的金融资产，应当按照公允价值计量，且不扣除将来处置该金融资产时可能发生的交易费用。

(三)相关的账务处理

企业取得的交易性金融资产，按其公允价值，借记“交易性金融资产——成本”科目，按发生的交易费用，借记“投资收益”科目，按已到付息期但尚未领取的利息或已宣告但尚未发放的现金股利，借记“应收利息”或“应收股利”科目，按实际支付的金额，贷记“银行存款”等科目。

交易费用，是指可直接归属于购买、发行或处置金融工具新增的外部费用。新增的外部费用，是指企业不购买、发行或处置金融工具就不会发生的费用，包括支付给代理机构、咨询公司、券商等的手续费和佣金及其他必要支出，不包括债券溢价、折价、融资费用、内部管理成本及其他与交易不直接相关的费用，交易费用构成实际利息的组成部分。

交易性金融资产持有期间被投资单位宣告发放的现金股利，或在资产负债表日按分期付息、一次还本债券投资的票面利率计算的利息，借记“应收股利”或“应收利息”科目，贷记“投资收益”科目。

资产负债表日，交易性金融资产的公允价值高于其账面余额的差额，借记“交易性金融资产——公允价值变动”科目，贷记“公允价值变动损益”科目；公允价值低于其账面余额的差额做相反的会计分录。

出售交易性金融资产，应按实际收到的金额，借记“银行存款”等科目，按该金融资产的账面余额，贷记“交易性金融资产——成本、公允价值变动”科目，按其差额，贷记或借记“投资收益”科目。同时，将原计入该金融资产的公允价值变动转出，借记或贷记“公允价值变动损益”科目，贷记或借记“投资收益”科目。

【例6－1】2009年5月20日，甲公司从深圳证券交易所购入乙公司股票100万股，占该公司有表决权股份的5%，支付价款合计508万元，其中，证券交易税等交易费用8 000元，已宣告发放现金股利72 000元。甲公司没有在乙公司的董事会中派出代表，甲公司将其划分为交易性金融资产。

2009年6月20日，甲公司收到乙公司发放的2008年现金股利72 000元。

2009年6月30日，乙公司股票收盘价为每股5.20元。

2009年12月31日，甲公司仍持有乙公司股票；当日，乙公司股票收盘价为每股4.90元。

2010年4月20日，乙公司宣告发放2009年现金股利200万元。

2010年5月10日，甲公司收到乙公司发放的2009年的现金股利。

2010年5月17日，甲公司以每股4.50元的价格将股票全部转让，同时，支付证券交易税等交易费用7 200元。

假定不考虑其他因素，甲公司的账务处理如下。

①2009年5月20日，购入股票100万股：

借：交易性金融资产——乙公司股票(成本)	5 000 000	
应收股利——乙公司	72 000	
投资收益	8 000	
贷：银行存款		5 080 000

购入股票的单位成本＝(5 080 000－72 000－8 000)÷1 000 000＝5.00(元/股)。

②2009年6月20日，收到乙公司发放的2008年现金股利72 000元：

借：银行存款	72 000	
贷：应收股利——乙公司		72 000

③2009年6月30日，确认乙公司股票公允价值变动＝(5.20－5.00)×1 000 000＝200 000(元)。

借：交易性金融资产——乙公司股票(公允价值变动)　　200 000

　　贷：公允价值变动损益——乙公司股票　　200 000

④ 2009 年 12 月 31 日，确认乙公司股票公允价值变动 = (4.90 − 5.20) × 100 000 = −300 000(元)。

借：公允价值变动损益——乙公司股票　　300 000

　　贷：交易性金融资产——乙公司股票(公允价值变动)　　300 000

⑤ 2010 年 4 月 20 日，确认乙公司发放的 2009 年现金股利中应享有的份额 = 2 000 000 × 5% = 100 000(元)。

借：应收股利——乙公司　　100 000

　　贷：投资收益　　100 000

⑥ 2010 年 5 月 10 日，收到乙公司发放的 2009 年的现金股利：

借：银行存款　　100 000

　　贷：应收股利——乙公司　　100 000

⑦ 2010 年 5 月 17 日，出售乙公司股票 100 万股：

借：银行存款　　4 492 800

　　投资收益　　407 200

　　交易性金融资产——乙公司股票(公允价值变动)　　100 000

　　贷：交易性金融资产——乙公司股票(成本)　　5 000 000

乙公司股票出售价格 = 4.50 × 1 000 000 = 4 500 000(元)，

出售乙公司股票取得的价款 = 4 500 000 − 7 200 = 4 492 800(元)，

乙公司股票持有期间公允价值变动计入当期损益的金额 = 200 000 − 300 000 = −100 000(元)，

出售乙公司股票时的账面余额 = 5 000 000 + (−100 000) = 4 900 000(元)，

出售乙公司股票的损益 = 4 492 800 − 4 900 000 = −407 200(元)。

同时，

借：投资收益——乙公司股票　　100 000

　　贷：公允价值变动损益——乙公司股票　　100 000

原计入该金融资产的公允价值变动 = −100 000(元)。

【例6-2】2009年1月1日，甲公司从二级市场购入乙公司债券，支付价款合计206万元，其中，已到付息期但尚未领取的利息4万元，交易费用2万元。该债券面值200万元，剩余期限为3年，票面年利率为4%，每半年末付息一次。甲公司将其划分为交易性金融资产。其他资料如下：

(1)2009年1月10日，收到乙公司债券2008年下半年的利息40万元。

(2)2009年6月30日，乙公司债券的公允价值为230万元(不含利息)。

(3)2009年7月10日，收到乙公司债券2009年上半年利息。

(4)2009年12月31日，乙公司债券的公允价值为220万元(不含利息)。

(5)2010年1月10日，收到乙公司债券2009年下半年的利息。

(6)2010年6月20日，通过二级市场出售乙公司债券，取得价款236万元。

假定不考虑其他因素，甲公司的账务处理如下。

① 2009年1月1日，从二级市场购入乙公司债券：

借：交易性金融资产——乙公司债券(成本)　　2 000 000
　　应收利息——乙公司　　40 000
　　投资收益　　20 000
　　贷：银行存款　　2 060 000

② 2009年1月10日，收到乙公司债券的2008年下半年的利息4万元：

借：银行存款　　40 000
　　贷：应收利息——乙公司　　40 000

③ 2009年6月30日，确认乙公司债券的公允价值变动30万元(230－200)和投资收益4万元(200×4%÷2)：

借：交易性金融资产——乙公司债券(公允价值变动)　　300 000
　　贷：公允价值变动损益——乙公司债券　　300 000

借：应收利息——乙公司　　40 000

贷：投资收益——乙公司债券 40 000

④ 2009 年 7 月 10 日，收到乙公司债券 2009 年上半年利息：

借：银行存款 40 000

贷：应收利息——乙公司 40 000

⑤ 2009 年 12 月 31 日，确认乙公司债券公允价值变动 -10 万元(220 - 230)和投资收益 4 万元(200 ×4% ÷2)：

借：公允价值变动损益——乙公司债券 100 000

贷：交易性金融资产——乙公司债券(公允价值变动) 100 000

借：应收利息——乙公司 40 000

贷：投资收益——乙公司债券 40 000

⑥ 2010 年 1 月 10 日，收到乙公司债券 2009 年下半年利息：

借：银行存款 40 000

贷：应收利息——乙公司 40 000

⑦ 2010 年 6 月 20 日，通过二级市场出售乙公司债券：

借：银行存款 2 360 000

贷：交易性金融资产——乙公司债券(成本) 2 000 000

——乙公司债券(公允价值变动) 200 000

投资收益——乙公司债券 160 000

出售该公司债券取得的价款 =236(万元)，

该公司债券持有期间公允价值变动计入当期损益的金额 =30 - 10 =20(万元)。

出售该公司债券时的账面余额 =200 +20 =220(万元)，

出售该公司债券的损益 =236 -220 =16(万元)，

同时，

借：公允价值变动损益——乙公司债券 200 000

贷：投资收益——乙公司债券 200 000

原计入该金融资产的公允价值变动 =20(万元)。

第三节　持有至到期投资及会计处理

一、持有至到期投资

持有至到期投资，是指到期日固定、回收金额固定或可确定，且企业有明确意图和能力持有至到期的非衍生金融资产。企业不能将下列非衍生金融资产划分为持有至到期投资：① 在初始确认时，即被指定为以公允价值计量且其变动计入当期损益的非衍生金融资产。② 在初始确认时，被指定为可供出售的非衍生金融资产。③ 符合贷款和应收款项的定义的非衍生金融资产。

如果企业管理层决定将某项金融资产持有至到期，则在该金融资产未到期前，不能随意地改变其"最初意图"。也就是说，投资者在取得投资时意图就应当是明确的，除非遇到一些企业所不能控制、预期不会重复发生且难以合理预计的独立事件，否则将持有至到期。持有至到期投资的满足条件如图 6－3所示。

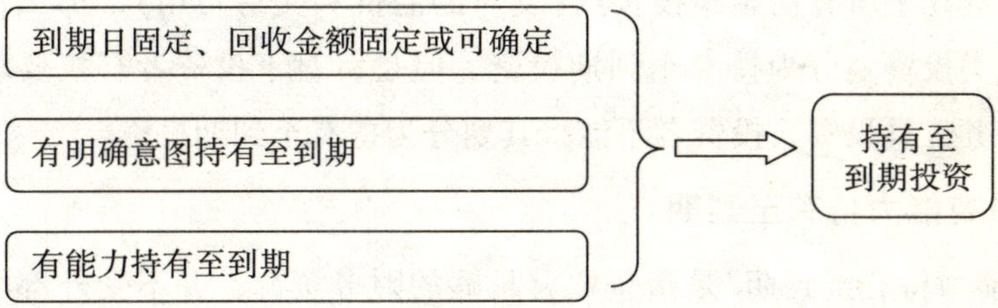

图 6－3　持有至到期投资应满足的条件

(一)到期日固定、回收金额固定或可确定

"到期日固定、回收金额固定或可确定"是指相关合同明确了投资者在确定的期间内获得或应收取现金流量(如投资利息和本金等)的金额和时间。因此，从投资者角度看，如果不考虑其他条件，在将某项投资划分为持有至到期投资时可以不考虑可能存在的发行方重大支付风险。其次，由于要求到期日固定，从而权益工具投资不能划分为持有至到期投资。再者，如果符合其他条件，不能由于某债务工具投资是浮动利率投资而不将其划分为持有至到

期投资。

（二）有明确意图持有至到期

“有明确意图持有至到期”是指投资者在取得投资时意图就是明确的，除非遇到一些企业所不能控制、预期不会重复发生且难以合理预计的独立事件，否则将持有至到期。

存在下列情况之一的，表明企业没有明确意图将金融资产投资持有至到期：

（1）持有该金融资产的期限不确定。

（2）发生市场利率变化、流动性需要变化、替代投资机会及其投资收益率变化、融资来源和条件变化、外汇风险变化等情况时，将出售该金融资产。但是，无法控制、预期不会重复发生且难以合理预计的独立事项引起的金融资产出售除外。

（3）该金融资产的发行方可以按照明显低于其摊余成本的金额清偿。

（4）其他表明企业没有明确意图将该金融资产持有至到期的情况。

据此，对于发行方可以赎回的债务工具，如发行方行使赎回权，投资者仍可收回其几乎所有初始净投资（含支付的溢价和交易费用），那么，投资者可以将此类投资划分为持有至到期投资。但是，对于投资者有权要求发行方赎回的债务工具投资，投资者不能将其划分为持有至到期投资。

（三）有能力持有至到期

“有能力持有至到期”是指企业有足够的财务资源，并不受外部因素影响将投资持有至到期。

存在下列情况之一的，表明企业没有能力将具有固定期限的金融资产投资持有至到期：

（1）没有可利用的财务资源持续地为该金融资产投资提供资金支持，以使该金融资产投资持有至到期。

（2）受法律、行政法规的限制，使企业难以将该金融资产投资持有至到期。

（3）其他表明企业没有能力将具有固定期限的金融资产投资持有至到期的情况。

企业应当于每个资产负债表日对持有至到期投资的意图和能力进行评价。发生变化的，应当将其重分类为可供出售金融资产进行处理。

二、持有至到期投资的会计处理

持有至到期投资的会计处理，着重于该金融资产的持有者打算“持有至到期”，未到期前通常不会出售或重分类。因此，持有至到期投资的会计处理主要应解决该金融资产实际利率的计算、摊余成本的确定、持有期间的收益确认及将其处置时损益的处理。

（一）初始确认

企业初始确认持有至到期投资时，应当按照公允价值计量且相关交易费用应当计入初始确认金额。企业取得持有至到期投资所支付的价款中包含的已宣告但尚未发放的债券利息或现金股利，应当单独确认为应收项目进行处理。

（二）后续计量

持有至到期投资在持有期间，应当采用实际利率法，按照摊余成本计量。

1. 实际利率法

实际利率法，是指按照金融资产或金融负债（含一组金融资产或金融负债）的实际利率计算其摊余成本及各期利息收入或利息费用的方法。

实际利率，是指将金融资产或金融负债在预期存续期间或适用的更短期间内的未来现金流量，折现为该金融资产或金融负债当前账面价值所使用的利率。

企业在初始确认以摊余成本计量的金融资产或金融负债时，就应当计算确定实际利率，并在相关金融资产或金融负债预期存续期间或适用的更短期间内保持不变。

在确定实际利率时，应当在考虑金融资产或金融负债所有合同条款（包括提前还款权、看涨期权或类似期权等）的基础上预计未来现金流量，但不应考虑未来信用损失。

金融资产或金融负债合同各方之间支付或收取的、属于实际利率组成部分的各项收费、交易费用及溢价或折价等，应当在确定实际利率时予以考虑。金融资产或金融负债的未来现金流量或存续期间无法可靠预计时，应当采用该金融资产或金融负债在整个合同期内的合同现金流量。

2. 摊余成本

金融资产或金融负债的摊余成本，是指该金融资产或金融负债的初始确认金额经下列调整后的结果：

(1)扣除已偿还的本金。

(2)加上或减去采用实际利率法将该初始确认金额与到期日金额之间的差额进行摊销形成的累计摊销额。

(3)扣除已发生的减值损失(仅适用于金融资产)。

需要说明的是，对于要求采用实际利率法摊余成本进行后续计量的金融资产或金融负债，如果有客观证据表明按该金融资产或金融负债的实际利率与名义利率分别计算的各期利息收入或利息费用相差很小，也可以采用名义利率的摊余成本进行后续计量。

(三)相关的账务处理

企业取得的持有至到期投资，应按该投资的面值，借记“持有至到期投资——成本”科目，按支付的价款中包含的已到付息期但尚未领取的利息，借记“应收利息”科目，按实际支付的金额，贷记“银行存款”等科目，按其差额，借记或贷记“持有至到期投资——利息调整”科目。

资产负债表日，持有至到期投资为分期付息、一次还本债券投资的，应按票面利率计算确定的应收未收利息，借记“应收利息”科目，按持有至到期投资摊余成本和实际利率确定的利息收入，贷记“投资收益”科目，按其差额，借记或贷记“持有至到期投资——利息调整”科目。

持有至到期投资为一次还本付息债券投资的，应按票面利率计算确定的应收未收利息，借记“持有至到期投资——应计利息”科目，按持有至到期投资摊余成本和实际利率计算确定的利息收入，贷记“投资收益”科目，按其差额，借记或贷记“持有至到期投资——利息调整”科目。

出售持有至到期投资，应按实际收到的金额，借记“银行存款”等科目，按其账面余额，贷记“持有至到期投资——成本、利息调整、应计利息”科目，按其差额，贷记或借记“投资收益”科目。已计提减值准备的，还应同时结转减值准备。

【例6-3】甲公司属于工业企业，2007年1月1日，支付价款1 000万元(含交易费用)从活跃市场上购入乙公司5年期债券，面值1 250万元，票面年利率4.72%，按年支付利息(即每年利息为59万元)，本金最后一次支付。合同约定，该债券的发行方在遇到特定情况时可以将债券赎回，且不需要为提前赎回支付额外款项。甲公司在购买该债券时，预计发行方不会提前赎回。不考虑所得税、减值损失等因素。

计算实际利率R：

$59\times(1+R)^{-1}+59\times(1+R)^{-2}+59\times(1+R)^{-3}+59\times(1+R)^{-4}+(59+1\ 250)\times(1+R)^{-5}=1\ 000$ 万元，由此得出 $R=10\%$。

计算各年摊余成本如表6-1所示。

表6-1 甲公司所购债券各年的利息和摊余成本计算表

单位：万元

年份	期初摊余成本(A)	实际利率(B)(按10%计算)	现金流入(C)	期末摊余成本(D=A+B-C)
2007年	1 000	100	59	1 041
2008年	1 041	104	59	1 086
2009年	1 086	109	59	1 136
2010年	1 136	113	59	1 190
2011年	1 190	119	1 309	0

根据上述数据，甲公司有有关账务处理如下。

①2007年1月1日，购入债券：

借：持有至到期投资——成本　　1 250

　　贷：银行存款　　1 000

　　　　持有至到期投资——利息调整　　250

②2007年12月31日，确认实际利息收入、收到票面利息等：

借：应收利息　　59

　　持有至到期投资——利息调整　　41

贷：投资收益 100

借：银行存款 59

贷：应收利息 59

③ 2008 年 12 月 31 日，确认实际利息收入、收到票面利息等：

借：应收利息 59

持有至到期投资——利息调整 45

贷：投资收益 104

借：银行存款 59

贷：应收利息 59

④ 2009 年 12 月 31 日，确认实际利息收入、收到票面利息等：

借：应收利息 59

持有至到期投资——利息调整 50

贷：投资收益 109

借：银行存款 59

贷：应收利息 59

⑤ 2010 年 12 月 31 日，确认实际利息收入、收到票面利息等：

借：应收利息 59

持有至到期投资——利息调整 54

贷：投资收益 113

借：银行存款 59

贷：应收利息 59

⑥ 2011 年 12 月 31 日，确认实际利息收入、收到票面利息和本金等：

借：应收利息 59

持有至到期投资——利息调整 60

贷：投资收益 119

借：银行存款 59

贷：应收利息 59

借：银行存款 1 250

贷：持有至到期投资——成本 1 250

假定在2009年1月1日，甲公司预计本金的一半(即625万元)将会在该年末收回，而其余的一半本金将于2011年末付清。遇到这种情况时，甲公司应当调整2009年初的摊余成本，计入当期损益；调整时采用最初确定的实际利率。据此，调整上述表中相关数据后，如表6－2所示。

表6－2　甲公司债券调整后的利息和摊余成本计算表

单位：万元

年份	期初摊余成本(A)	实际利率(B)(按10%计算)	现金流入(C)	期末摊余成本(D＝A＋B－C)
2009年	1138*	114**	684	568
2010年	568	57	30***	595
2011年	595	60	655	0

其中：① $(625+59)\times(1+10\%)^{-1}+30\times(1+10\%)^{-2}+(625+30)\times(1+10\%)^{-3}=1\,138$ 万元(四舍五入)；② $1\,138\times10\%=114$ ** 万元(四舍五入)；③ $625\times4.72\%=30$ *** 万元(四舍五入)。

根据上述调整，甲公司的账务处理如下。(金额单位：万元)

① 2009年1月1日，调整期初摊余成本：

借：持有至到期投资——利息调整　52

　　贷：投资收益　52

② 2009年12月31日，确认实际利息、收回本金等：

借：应收利息　59

　　持有至到期投资——利息调整　55

　　贷：投资收益　114

借：银行存款　59

　　贷：应收利息　59

借：银行存款　625

　　贷：持有至到期投资——成本　625

③ 2010 年 12 月 31 日，确认实际利息等：

借：应收利息 30

持有至到期投资——利息调整 27

贷：投资收益 57

借：银行存款 30

贷：应收利息 30

④ 2011 年 12 月 31 日，确认实际利息、收回本金等：

借：应收利息 30

持有至到期投资——利息调整 30

贷：投资收益 60

借：银行存款 30

贷：应收利息 30

借：银行存款 625

贷：持有至到期投资——成本 625

假定甲公司购买的债券不是分次付息，而是到期一次还本付息，且利息不是以复利计算。此时，甲公司所购买债券的实际利率 R 计算如下：

$(59+59+59+59+59+1250)\times(1+R)^{-5}=1\ 000$，由此得出 R ≈9.05%。

据此，调整上述表中相关数据后，如表 6－3 所示。

表 6－3　甲公司一次还本付息时所购债券的利息和摊余成本计算表

单位：万元

年份	其实摊余成本 (A)	实际利率(B) (按 10% 计算)	现金流入 (C)	期末摊余成本 (D＝A＋B－C)
2007 年	1 000	90.50	0	1 090.50
2008 年	1 090.50	98.69	0	1 189.19
2009 年	1 189.19	107.62	0	1 296.81
2010 年	1 296.81	117.36	0	1 414.17
2011 年	1 414.17	130.83*	1 545	0

注：标＊数字考虑了计算过程中出现的尾差 2.85 万元。

根据上述数据，甲公司的有关账务处理如下。

①2007 年 1 月 1 日，购入债券：

借：持有至到期投资——成本　　1 250

　贷：银行存款　　1 000

　　　持有至到期投资——利息调整　　250

②2007 年 12 月 31 日，确认实际利息收入：

借：持有至到期投资——应计利息　　59

　　　　　　　　　——利息调整　　31.5

　贷：投资收益　　90.5

③2008 年 12 月 31 日，确认实际利息收入：

借：持有至到期投资——应计利息　　59

　　　　　　　　　——利息调整　　39.69

　贷：投资收益　　98.69

④009 年 12 月 31 日，确认实际利息收入：

借：持有至到期投资——应计利息　　59

　　　　　　　　　——利息调整　　48.62

　贷：投资收益　　107.62

⑤2010 年 12 月 31 日，确认实际利息收入：

借：持有至到期投资——应计利息　　59

　　　　　　　　　——利息调整　　58.36

　贷：投资收益　　117.36

⑥2011 年 12 月 31 日，确认实际利息收入、收到本金和名义利息等：

借：持有至到期投资——应计利息　　59

　　　　　　　　　——利息调整　　71.83

　贷：投资收益　　130.83

借：银行存款　　1 545

　贷：持有至到期投资——成本　　1 250

　　　　　　　　　　——应计利息　　295

三、持有至到期投资减值损失的计量

持有至到期投资以摊余成本进行后续计量，其发生减值时，应当将该金融资产的账面价值与预计未来现金流量现值之间的差额确认为减值损失，计入当期损益。

以摊余成本计量的金融资产的预计未来现金流量现值，应当按照该金融资产的原实际利率折现确定，并考虑相关担保物的价值(取得和出售该担保物发生的费用应当予以扣除)。原实际利率是初始确认该金融资产时计算确定的实际利率。对于浮动利率持有至到期投资，在计算未来现金流量现值时可采用合同规定的现行实际利率作为折现率。即使合同条款因债务人或金融资产发行方发生财务困难而重新商定或修改，在确认减值损失时，仍用条款修改前所计算的该金融资产的原实际利率计算。

对于存在大量性质类似且以摊余成本后续计量金融资产的企业，在考虑金融资产减值测试时，应当先将单项金额重大的金融资产区分开来，单独进行减值测试。如有客观证据表明其已发生减值，应当确认减值损失，计入当期损益。对单项金额不重大的金融资产，可以单独进行减值测试，或包括在具有类似信用风险特征的金融资产组合中进行减值测试。实务中，企业可以根据具体情况确定单项金额重大的标准。该项标准一经确定，应当一直运用，不得随意变更。

单独测试未发现减值的金融资产(包括单项金额重大和不重大的金融资产)，应当包括在具有类似信用风险特征的金融资产组合中再进行减值测试。已单项确认减值损失的金融资产，不要包括在具有类似信用风险特征的金融资产组合中进行减值测试。

企业对金融资产采用组合方式进行减值测试时，应当注意以下方面：

(1)应当将具有类似信用风险特征的金融资产组合在一起，例如，可按资产类型、行业分布、区域分布、担保物类型、逾期状态等进行组合。

(2)对于已包括在某金融资产组合中的某项特定资产，一旦有客观证据表明其发生了减值，则应当将其从该组合中分离出来，单独确认减值损失。

(3)在对某金融资产组合的未来现金流量进行预计时，应当以与其具有类似信用风险特征组合的历史损失率为基础。如企业缺乏这方面的数据或经验不足，则应当尽量采用具有可比性的其他资产组合的经验数据，并作必要调整。企业应当对预计资产组合未来现金流量的方法和假设进行定期检查，以最大限度地消除损失预计数和实际发生数之间的差异。

对持有至到期投资确认减值损失后，如有客观证据表明该金融资产价值已恢复，且客观上与确认该损失后发生的事项有关（如债务人的信用评级已提高等），应在原确认的减值损失范围内按已恢复的金额予以转回，计入当期损益。但是，该转回后的账面价值不应当超过假定不计提减值准备情况下该金融资产在转回日的摊余成本。

外币金融资产发生减值的，预计未来现金流量现值应先按外币确定，在计量减值时再按资产负债表日即期汇率折算为以记账本位币反映的金额。该项金额小于相关外币金融资产以记账本位币反映的账面价值的部分，确认为减值损失，计入当期损益。

持有至到期投资确认减值损失后，利息收入应当按照发生减值损失时对未来现金流量进行折现采用的折现率作为利率计算确认。

确定持有至到期投资发生减值的，按应减记的金额，借记“资产减值损失”科目，贷记“持有至到期投资减值准备”科目。

第四节　贷款和应收款项及会计处理

一、贷款和应收款项

贷款和应收款项，是指在活跃市场中没有报价、回收金额固定或可确定的非衍生金融资产。企业不应当将下列非衍生金融资产划分为贷款和应收款项：① 准备立即出售或在近期出售的非衍生金融资产，这类非衍生金融资产应划分为交易性金融资产。② 初始确认时被指定为以公允价值计量且其变动计入当期损益的非衍生金融资产。③ 初始确认时被指定为可供出售的非衍生金融资产。④ 因债务人信用恶化以外的原因，使持有方可能难以收回几乎所有初始投资的非衍生金融资产。例如，企业所持有的证券投资基金或类似的基金等。

贷款和应收款项泛指一类金融资产，主要是金融企业发放的贷款和其他债权，但不限于金融企业发放的贷款和其他债权。非金融企业持有的现金和银行存款、销售商品或提供劳务形成的应收款项、企业持有的其他企业的债权（不包括在活跃市场上有报价的债务工具）等，只要符合贷款和应收款项的定义，可以划分为这一类。划分为贷款和应收款项类的金融资产，与划分为持有至到期投资的金融资产，其主要差别在于前者不是在活跃市场上有报价的金融资产，并且不像持有至到期投资那样在出售或重分类方面受到较多限制。如果某债务工具投资在活跃市场上没有报价，则企业不能将其划分为持有至到期投资。

二、贷款和应收款项的会计处理

贷款和应收款项的会计处理原则，与持有至到期投资大致相同，具体包括以下方面。

（一）初始确认

金融企业按当前市场条件发放的贷款，应按发放贷款的本金和相关交易费用之和作为初始确认金额。一般企业对外销售商品或提供劳务形成的应收债权，通常应按从购货方应收的合同或协议价款作为初始确认金额。

企业取得贷款和应收款项所支付的价款中包含的已宣告但尚未发放的债券利息或现金股利，应当单独确认为应收项目进行处理。

（二）后续计量

贷款和应收款项在持有期间应当采用实际利率法，按摊余成本计量。即贷款持有期间所确认的利息收入，应根据实际利率计算。实际利率应在取得贷款时确定，在该贷款预期存续期间或适用的更短期间内保持不变。实际利率与合同利率差别较小的，也可按合同利率计算利息收入。

企业收回或处置贷款和应收款项时，应将取得的价款与该贷款和应收款项账面价值之间的差额计入当期损益。

（三）相关的账务处理

贷款是商业银行的一项主要业务，应设置“贷款”科目对案规定发放的各种贷款，如质押贷款、抵押贷款、保证贷款、信用贷款，以及具有贷款性质的银团贷款、贸易贷款、协议透支、信用卡透支、转贷款进行核算。一般企业的应收款项，通常设置“应收账款”、“应收票据”、“长期应收款”、“其他应收款”等科目核算。

1. 应收账款的账务处理

企业因销售商品、提供劳务等经营活动发生的应收账款，按应收金额，借记“应收账款”科目，按确认的营业收入，贷记“主营业务收入”等科目，涉及增值税销项税额的，还应按销项税额，贷记“应交税费——应交增值税(销项税额)”科目。收回应收账款时，借记“银行存款”等科目，贷记“应收账款”科目。

企业与债务人进行债务重组，应当分别债务重组的不同方式对重组债权进行处理。

2. 应收票据的账务处理

企业因销售商品、提供劳务等而收到开出、承兑的商业汇票，按商业汇票的票面金额，借记“应收票据”科目，按确认的营业收入，贷记“主营业务收入”等科目，涉及增值税销项税额的，还应按销项税额，贷记“应交税费——应交增值税(销项税额)”科目。

持有未到期的商业汇票向银行贴现，符合金融工具确认和计量准则有关金融资产终止确认条件的，应按实际收到的金额(即减去贴现息后的净额)，借记“银行存款”等科目，按贴现息部分，借记“财务费用”等科目，按商业汇票的票面金额，贷记“应收票据”科目；不符合金融工具确认和计量准则有关金融资产终止确认条件的，不应结转应收票据，应按实际收到的金额(即减去贴现息后的净额)，借记“银行存款”等科目，按贴现息部分，借记“财务费用”等科目，按其差额，贷记“短期借款”等科目。

将持有的商业汇票背书转让以取得所需物资，按应计入取得物资成本的金额，借记“材料采购”或“原材料”、“库存商品”等科目，按商业汇票的票面金额，贷记“应收票据”科目，如有差额，借记或贷记“银行存款”等科目，涉及增值税进项税额的，还应按进项税额，借记“应交税费——应交增值税(进项税额)”等科目。

商业汇票到期，应按实际收到的金额，借记“银行存款”科目，按商业汇票的票面金额，贷记“应收票据”科目。

【例6－4】甲公司2011年1月份向乙企业销售商品，货已发出，甲公司开具的增值税专用发票上注明的商品价款为100万元，增值税销项税额为17万元。当日收到该企业签发的不带息商业承兑汇票一张，该票据的期限为3个月。这一商品销售符合会计准则规定的收入确认条件。

甲公司的相关账务处理如下。

① 商品销售实现时：

借：应收票据——乙企业　1 170 000

　贷：主营业务收入　1 000 000

　　应交税费——应交增值税(销项税额)　170 000

② 3个月后，应收票据到期，甲公司收回款项1 170 000元，存入银行：

借：银行存款　1 170 000

　贷：应收票据——乙企业　1 170 000

③ 如果甲公司在该票据到期前向银行贴现，且银行拥有追索权，则甲公司应按票据面值确认短期借款，按实际收到的金额(即减去贴现息后的净额)与票据面值之间的差额确认为财务费用。假定甲公司该票据贴现获得现金净额1 158 300元，则相关账务处理如下：

借：银行存款　1 158 300

　财务费用——票据贴现　11 700

　贷：短期借款——××银行　1 170 000

需要注意的是，企业应当设置“应收票据备查簿”，逐笔登记商业汇票的种类、号数和出票日、票面金额、交易合同号和付款人、承兑人、背书人的姓名或单位名称、到期日、背书转让日、贴现日、贴现率和贴现净额以及收款日和收回金额、退票情况等资料。商业汇票到期结清票款或退票后，在备查簿中应予注销。

三、贷款和应收款项减值损失的计量

贷款和应收款项以摊余成本进行后续计量，其发生减值时，应当将该金融资产的账面价值与预计未来现金流量现值之间的差额，确认为减值损失，计入当期损益。

短期应收款项的预计未来现金流量与其现值相差很小的，在确定相关减值损失时，可不对其预计未来现金流量进行折现。

对贷款和应收款项的减值测试、减值转回，外币业务减值以及确认减值后对利息收入的确认等与持有至到期投资相同。

贷款和应收款项确定发生减值的，按应减记的金额，借记“资产减值损失”科目，贷记“贷款减值准备”或“坏账准备”科目。

【例6－5】2007年1月1日，Y银行以“折价”方式向某企业发放一笔5年期贷款5 000万元，实际发放给该企业的款项为4 900万元，合同年利率为10%。Y银行将其划分为贷款和应收款项，初始确认该贷款时确定的实际利率为10.53%。

2009年12月31日，有客观证据表明该企业发生严重财务困难，Y银行据此认定对该企业的贷款发生了减值，并预期2010年12月3日将收到利息500万元，但2011年12月31日仅收到本金2 500万元。

根据金融工具确认和计量准则规定，2009年12月31日Y银行对该企业应确认的减值损失按该日确认减值损失前的摊余成本与未来现金流量现值之间的差额确定。

①2009年12月31日未确认减值损失前，Y银行对B企业贷款的摊余成本计算如下：

2007年1月1日，对该企业贷款的摊余成本＝4 900（万元），

2007年12月31日，这笔贷款的摊余成本＝4 900＋4 900×10.53%－500＝4 915.97（万元），

2008年12月31日，对该企业贷款的摊余成本＝4 915.97×（1＋10.53%）－500＝4 933.62（万元），

2009年12月31日，对B企业贷款（确认减值损失前）的摊余成本 = 4 933.62 × (1 + 10.53%) − 500 = 4 953.13（万元）。

② 2009年12月31日，Y银行预计从对该企业贷款将收到现金流量的现值计算如下：

$500 \times (1+10.53\%)^{-1} + 2\,500 \times (1+10.53\%)^{-2} \approx 2\,498.71$（万元）。

③ 2009年12月31日，Y银行应确认的贷款减值损失 = 4 953.13 − 2 498.71 = 2 454.42（万元）。

【例6-6】 2008年1月1日，甲公司支付价款100万元（含交易费用）从上海证券交易所购入乙公司同日发行的5年期公司债券12 500份，债券票面价值总额为125万元。票面年利率为4.72%，于年末支付本年度债券利息（即每年利息为59 000元），本金在债券到期时一次性偿还。甲公司没有意图将该债券持有至到期，划分为可供出售金融资产。

其他资料如下：

① 2008年12月31日，乙公司债券的公允价值为90万元（不含利息），乙公司仍可支付债券当年的利息。

② 2009年，由于产品缺乏竞争力、内部管理松懈，乙公司财务状况恶化，但仍可支付债券当年的利息；2009年12月31日，乙公司债券的公允价值为75万元（不含利息）。甲公司预计如果不采取有效措施，该债券的公允价值会持续下跌。

③ 2010年12月31日，乙公司债券的公允价值下跌为70万元（不含利息），乙公司仍可支付债券当年的利息。

④ 2011年，该公司通过加强管理、技术创新和产品结构调整，财务状况有了显著改善，2011年12月31日，乙公司债券的公允价值上升为120万元（不含利息），乙公司仍可支付债券当年的利息。

⑤ 2012年1月20日，通过上海证券交易所出售了乙公司债券12 500份，取得价款126万元。

假定不考虑所得税等因素。

计算该债券的实际利率r：

$59\,000 \times (1+r)^{-1} + 59\,000 \times (1+r)^{-2} + 59\,000 \times (1+r)^{-3} + 59\,000 \times (1+r)^{-4} + (59\,000 + 1\,250\,000) \times (1+r)^{-5} = 1\,000\,000$

采用插值法，计算得出 r = 10%。

各年的摊余成本和应收利息计算如表 6-4 所示。

表 6-4 甲公司所购债券利息和摊余成本计算表

日期	现金流入（A）	实际利息收入（B）=期初（D）×10%	已收回的本金（C）=（A）-（B）	摊余成本余额（D）=期初（D）-（C）
2008 年 1 月 1 日				1 000 000
2008 年 12 月 31 日	59 000	100 000	-41 000	1 041 000
2009 年 12 月 31 日	59 000	104 100	-45 100	1 086 100
减值损失			250 000	836 100
2010 年 12 月 31 日	59 000	108 610 83 610	-49 610 -24 610	1 135 710 860 710
减值损失			50 000	810 710
2011 年 12 月 31 日	59 000	113 571 81 071	-54 571 -22 071	1 190 281 832 781
减值损失转回			-300 000	1 132 781
2012 年 12 月 31 日	59 000	118 719**	-59 719	1 250 000
小计	295 000	545 000	-250 000	1 250 000
2012 年 12 月 31 日	1 250 000	—	1 250 000	0
合计	1 545 000	545 000	1 000 000	—
2012 年 1 月 20 日	1 260 000	127 219*	1 132 781	0

*尾数调整：1 260 000 - 1 132 781 = 127 219（元）

**尾数调整：1 250 000 + 59 000 - 1 109 281 = 118 719（元）

注：表中斜体数据表示计提减值准备后及恢复减值后应存在的数字。

根据表 6-4 中的数据，甲公司的有关账务处理如下。

① 2008 年 1 月 1 日，购入乙公司债券：

借：可供出售金融资产——乙公司债券——成本　　1 250 000

　　贷：银行存款　　1 000 000

可供出售金融资产——乙公司债券——利息调整　　250 000

②2008 年 12 月 31 日，确认乙公司债券实际利息收入、公允价值变动，收到债券利息：

借：应收利息——乙公司　　59 000

可供出售金融资产——乙公司债券——利息调整　　41 000

贷：投资收益——乙公司债券　　100 000

借：银行存款　　59 000

贷：应收利息——乙公司　　59 000

借：资本公积——其他资本公积——公允价值变动(乙公司债券)

100 000

贷：可供出售金融资产——乙公司债券(公允价值变动)　　100 000

③2009 年 12 月 31 日，确认乙公司债券实际利息收入、资产减值损失，收到债券利息：

借：应收利息——某公司　　59 000

可供出售金融资产——乙公司债券(利息调整)　　45 100

贷：投资收益——乙公司债券　　104 100

借：银行存款　　59 000

贷：应收利息——乙公司　　59 000

借：资产减值损失——可供出售金融资产(乙公司债券)　　250 000

贷：可供出售金融资产——乙公司债券(减值准备)　　150 000

资本公积——其他资本公积——公允价值变动(乙公司债券)

100 000

由于乙公司债券的公允价值预计会持续下跌，甲公司应对其确认减值损失 =900 000 - 750 000 + 100 000 = 250 000(元)。

④2010 年 12 月 31 日，确认乙公司债券实际利息收入、资产减值损失，收到债券利息：

借：应收利息——乙公司　　59 000

可供出售金融资产——乙公司债券(利息调整)　　24 610

贷：投资收益——乙公司债券　　83 610

借：银行存款　59 000

　　贷：应收利息——乙公司　59 000

借：资产减值损失——可供出售金融资产(乙公司债券)　50 000

　　贷：可供出售金融资产——乙公司债券(减值准备)　50 000

⑤ 2012 年 12 月 31 日，确认乙公司债券实际利息收入、减值损失转回、公允价值变动，收到债券利息：

借：应收利息——乙公司　59 000

　　可供出售金融资产——乙公司债券(利息调整)　22 071

　　贷：投资收益——乙公司债券　81 071

借：银行存款　59 000

　　贷：应收利息——乙公司　59 000

借：可供出售金融资产——乙公司债券(减值准备)　200 000

　　　　　　　　　　——乙公司债券(公允价值变动)　100 000

　　贷：资产减值损失——可供出售金融资产——乙公司债券　300 000

确认原减值损失的转回 = 250 000 + 50 000 = 300 000(元)。

借：可供出售金融资产——乙公司债券(公允价值变动)　200 000

　　贷：资本公积——其他资本公积——公允价值变动(乙公司债券)

　　　　200 000

公允价值变动 = 1 200 000 - (700 000 + 300 000) = 200 000(元)。

⑥ 2012 年 1 月 20 日，确认出售乙公司债券实现的损益：

借：银行存款　1 260 000

　　可供出售金融资产——乙公司债券(利息调整)　117 219

　　投资收益——乙公司债券　72 781

　　贷：可供出售金融资产——乙公司债券(成本)　1 250 000

　　　　　　　　　　——乙公司债券(公允价值变动)　200 000

乙公司债券的成本 = 1 250 000(元)，乙公司债券的利息调整余额 = -250 000 + 41 000 + 45 100 + 24 610 + 22 071 = -117 219(元)。

乙公司债券的公允价值变动余额 = -100 000 + 100 000 + 200 000 = 200 000(元),

乙公司债券减值准备余额 = -150 000 - 50 000 + 200 000 = 0(元)。

同时,

借:资本公积——其他资本公积——公允价值变动(乙公司债券) 200 000

贷:投资收益——乙公司债券 200 000

应从所有者权益中转出的公允价值累计变动额 = 100 000 - 100 000 + 200 000 = 200 000(元)。

第五节 可供出售金融资产及会计处理

一、可供出售金融资产

可供出售金融资产,是指初始确认时即被指定为可供出售非衍生金融资产,以及没有划分为持有至到期投资、贷款和应收款项、以公允价值计量且其变动计入当期损益的金融资产。通常情况下,划分为此类的金融资产应当在活跃市场上有报价,因此,企业从二级市场上购入的有报价的股票、债券、基金等,没有划分为以公允价值计量且其变动计入当期损益的金融资产或持有至到期投资等金融资产的,可以划分为可供出售金融资产。

需要注意以下两类限售股权的分类。

(1)企业在股权分置改革过程中持有对被投资单位在重大影响以上的股权,应当作为长期股权投资,视对被投资单位的影响程度分别采用成本法或权益法核算;企业在股权分置改革过程中持有对被投资单位不具有控制、共同控制或重大影响的股权,应当划分为可供出售金融资产。

(2)企业持有上市公司限售股权(不包括股权分置改革过程中持有的限售股权),对上市公司不具有控制、共同控制或重大影响的,应当按照《企业会计准则第22号——金融工具确认和计量》(以下简称金融工具确认和计量准则）的规定，将该限售股权划分为可供出售金融资产或以公允价值计量且其变动计入当期损益的金融资产。

二、可供出售金融资产的会计处理

可供出售金融资产的会计处理，与以公允价值计量且其变动计入当期损益的金融资产的会计处理存在类似之处，例如，均要求按公允价值进行后续计量。但是，也有一些不同之处，例如，可供出售金融资产取得时发生的交易费用应当计入初始入账金额、可供出售金融资产后续计量时公允价值变动计入所有者权益、可供出售外币股权投资因资产负债表日汇率变动形成的汇兑损益计入所有者权益等。

（一）初始确认

企业初始确认可供出售金融资产时，应当按照公允价值计量，且相关交易费用应当计入初始确认金额。企业取得可供出售金融资产所支付的价款中包含的已宣告但尚未发放的债券利息或现金股利，应当单独确认为应收项目进行处理。

（二）后续计量

可供出售金融资产在持有期间，应当按公允价值计量，且不扣除将来处置该金融资产时可能发生的交易费用。

（三）相关账务处理

企业取得可供出售的金融资产，应按其公允价值与交易费用之和，借记“可供出售金融资产——成本”科目，按支付的价款中包含的已宣告但尚未发放的现金股利，借记“应收股利”科目，按实际支付的金额，贷记“银行存款”等科目。

企业取得的可供出售金融资产为债券投资的，应按债券的面值，借记“可供出售金融资产——成本”科目，按支付的价款中包含的已到付息期但尚未领取的利息，借记“应收利息”科目，按实际支付的金额，贷记“银行存款”等科目，按差额，借记或贷记“可供出售金融资产——利息调整”科目。

资产负债表日，可供出售债券为分期付息、一次还本债券投资的，应按票面利率计算确定的应收未收利息，借记“应收利息”科目，按可供出售债券的摊余成本和实际利率计算确定的利息收入，贷记“投资收益”科目，按其差额，借记或贷记“可供出售金融资产——利息调整”科目。

可供出售债券为一次还本付息债券投资的，应按票面利率计算确定的应收未收利息，借记“可供出售金融资产——应计利息”科目，按可供出售债券的摊余成本和实际利率计算确定的利息收入，贷记“投资收益”科目，按其差额，借记或贷记“可供出售金融资产——利息调整”科目。

资产负债表日，可供出售金融资产的公允价值高于其账面余额的差额，借记“可供出售金融资产——公允价值变动”科目，贷记“资本公积——其他资本公积”科目；公允价值低于其账面余额的差额做相反的会计分录。

出售可供出售金融资产，应按实际收到的金额，借记“银行存款”等科目，按其账面余额，贷记“可供出售金融资产——成本、公允价值变动、利息调整、应计利息”科目，按应从所有者权益中转出的公允价值累计变动额，借记或贷记“资本公积——其他资本公积”科目，按其差额，贷记或借记“投资收益”科目。

【例6－7】甲公司于2010年7月15从二级市场购入股票100万股，每股市价15元，手续费3万元，初始确认时，该股票划分为可供出售金融资产。甲公司于2010年12月31仍持有该股票，该股票当时的市价为每股16元。2011年2月1日，甲公司将该股票售出，售价为每股13元，另支付交易费用1.3万元。假定不考虑其他因素，甲公司的账务处理如下。（金额单位：万元）

①2010年7月13日，购入股票：

借：可供出售金融资产——成本　　15 030 000

　贷：银行存款　　15 030 000

②2010年12月31日，确认股票价格变动：

借：可供出售金融资产——公允价值变动　　970 000

　贷：资本公积——其他资本公积　　970 000

③2011年2月1日，出售股票：

借：银行存款　　12 987 000

资本公积——其他资本公积 970 000

投资收益 2 043 000

贷：可供出售金融资产——成本 15 030 000

——公允价值变动 970 000

【例6-8】2010年5月8日，甲公司支付价款1 020万元(含交易费用5万元和已宣告发放现金股利15万元)，购入某公司发行的股票200万股，占该公司有表决权股份的0.5%。甲公司将其划分为可供出售金融资产。

2010年5月10日，甲公司收到该公司发放的现金股利15万元。

2010年6月30日，该股票市价为每股5.2元。

2010年12月31日，甲公司仍持有该股票，当日，该股票市价为每股5元。2011年5月9日，该公司宣告发放股利4 000万元。

2011年5月13日，甲公司收到该公司发放的现金股利。

2011年5月20日，甲公司以每股4.9元的价格将股票全部转让。

假定不考虑其他因素，甲公司的账务处理如下。

① 2010年5月8日，购入股票：

借：应收股利 150 000

可供出售金融资产——成本 10 050 000

贷：银行存款 10 200 000

② 2010年5月10日，收到现金股利：

借：银行存款 150 000

贷：应收股利 150 000

③ 2010年6月30，确认股票价格变动：

借：可供出售金融资产——公允价值变动 350 000

贷：资本公积——其他资本公积 350 000

④ 2010年12月31日，确认股票价格变动：

借：资本公积——其他资本公积 400 000

贷：可供出售金融资产——公允价值变动 400 000

⑤ 2011 年 5 月 9 日，确认应收现金股利：

借：应收股利	200 000	
贷：投资收益		200 000

⑥ 2011 年 5 月 13 日，收到现金股利：

借：银行存款	200 000	
贷：应收股利		200 000

⑦ 2011 年 5 月 20 日，出售股票：

借：银行存款	9 800 000	
投资收益	250 000	
可供出售金融资产——公允价值变动	50 000	
贷：可供出售金融资产——成本		10 050 000
资本公积——其他资本公积		50 000

三、可供出售金融资产减值损失的计量

1. 可供出售金融资产减值损失的确认

可供出售金融资产发生减值时，即使该金融资产没有终止确认，原直接计入所有者权益中的因公允价值下降形成的累计损失，应当予以转出，计入当期损益。该转出的累计损失，等于可供出售金融资产的初始取得成本扣除已收回本金和已摊余金额、当前公允价值和原已计入损益的减值损失后的余额。

在活跃市场中没有报价且其公允价值不能可靠计量的权益工具投资，发生减值时，应当将该权益工具投资或衍生金融资产的账面价值，与按照类似金融资产当时市场收益率对未来现金流量折现确定的现值之间的差额，确认为减值损失，计入当期损益。与该权益工具挂钩并须通过交付该权益工具结算的衍生金融资产发生减值的，也应当采用类似的方法确认减值损失。

对于已确认减值损失的可供出售债务工具，在随后的会计期间公允价值已上升且客观上与确认原减值损失后发生的事项有关的，应在原确认的减值损失范围内按已恢复的金额予以转回，计入当期损益。

可供出售权益工具投资发生的减值损失，不得通过损益转回(即通过资本公积转回)。但是，在活跃市场中没有报价且其公允价值不能可靠计量的权益工具投资，或与该权益工具挂钩并须通过交付该权益工具结算的衍生金融资产发生的减值损失，不得转回。

2. 可供出售金融资产减值的账务处理

确定可供出售金融资产发生减值的，按应减记的金额，借记“资产减值损失”科目，按应从所有者权益中转出原计入资本公积的累计损失金额，贷记“资本公积——其他资本公积”科目，按其差额，贷记“可供出售金融资产——减值准备”科目。

对于已确认减值损失的可供出售金融资产，在随后会计期间内公允价值上升且客观上与确认原减值损失后事项有关的，应在原确认的减值损失范围内按已恢复的金额，借记“可供出售金融资产——减值准备”等科目，贷记“资产减值损失”科目；但可供出售金融资产为股票等权益工具投资(不含在活跃市场中没有报价且其公允价值不能可靠计量的权益工具投资)的，借记“可供出售金融资产——减值准备”等科目，贷记“资本公积——其他资本公积”科目。

【例6-9】2009年1月1日，甲公司按面值从债券二级市场购入某公司公开发行的债券10 000张，每张面值100元，票面利率3%，划分为可供出售金融资产。

2009年12月31日，该债券的市场价格为每张100元。

2010年，该公司因投资决策失误，发生严重财务困难，但仍可支付该债券当年的票面利息。2010年12月31日，该债券的公允价值下降为每张80元。甲公司预计，如该公司不采取措施，该债券的公允价值预计会持续下跌。

2011年，该公司调整产品结构并整合其他资源，致使上年发生的财务困难大为好转。2011年12月31日，该债券(即该公司发行的上述债券)的公允价值已上升至每张95元。

假定甲公司初始确认该债券时计算确定的债券实际利率为3%，且不考虑其他因素，则甲公司有关的账务处理如下。

①2009年1月1日，购入债券：

借：可供出售金融资产——成本　　1 000 000

贷：银行存款　1 000 000

②2009 年 12 月 31，确认利息、公允价值变动：

借：应收利息　30 000

贷：投资收益　30 000

借：银行存款　30 000

贷：应收利息　30 000

债券的公允价值变动为零，故不作账务处理。

③2010 年 12 月 31，确认利息收入及减值损失：

借：应收利息　30 000

贷：投资收益　30 000

借：银行存款　30 000

贷：应收利息　30 000

借：资产减值损失　200 000

贷：可供出售金融资产——公允价值变动　200 000

由于该债券的公允价值预计会持续下跌，甲公司应确认减值损失。

④2011 年 12 月 31，确认利息收入及减值损失转回：

应确认的利息收入 =（期初摊余成本 1 000 000 - 发生的减值损失 200 000）×3% =24 000（元）。

借：应收利息　30 000

贷：投资收益　24 000

可供出售金融资产——利息调整　6 000

借：银行存款　30 000

贷：应收利息　30 000

减值损失转回前，该债券的摊余成本 =1 000 000 - 200 000 - 6 000 = 794 000（元），

2011 年 12 月 31 日，该债券的公允价值 =950 000（元）。

应转回的金额 =950 000 - 794 000 =156 000（元）。

借：可供出售金融资产——公允价值变动　156 000

贷：资产减值损失　156 000

【例6-10】2009年5月1日，甲公司从股票二级市场以每股15元(含已宣告发放但尚未领取的现金股利0.2元)的价格购入某公司发行的股票20万股，占该公司有表决权股份的5%，对该公司无重大影响，甲公司将该股票划分为可供出售金融资产。其他资料如下：

①2009年5月10日，甲公司收到该公司发放的上年现金股利4万元。

②2009年12月31日，该股票的市场价格为每股13元，甲公司预计该股票的价格下跌是暂时的。

③2010年，该公司因违反相关证券法规，受到证券监管部门查处。受此影响，该公司股票的价格发生下跌。至2010年12月31日，该股票的市场价格下跌到每股6元。

④2011年，该公司整改完成，加之市场经济好转，股票价格有所回升，至12月31日，该股票的市场价格上升到每股10元。假定2010年和2011年均未分派现金股利，不考虑其他因素的影响，则甲公司有关的账务处理如下。

①2009年1月1日，购入股票：

借：可供出售金融资产——成本	2 960 000	
应收股利	40 000	
贷：银行存款		3 000 000

②2009年5月，确认现金股利：

借：银行存款	40 000	
贷：应收股利		40 000

③2009年12月31日，确认股票公允价值变动：

借：资本公积——其他资本公积	360 000	
贷：可供出售金融资产——公允价值变动		360 000

④2010年12月31日，确认股票投资的减值损失：

借：资产减值损失	1 760 000	
贷：资本公积——资本公积		360 000
可供出售金融资产——公允价值变动		1 400 000

⑤2011年12月31日，确认股票价格上涨：

借：可供出售金融资产——公允价值变动　　800 000
　贷：资本公积——其他资本公积　　800 000

第六节　不同金融资产之间重分类及会计处理

一、金融资产重分类的规定

企业在金融资产初始确认时对其进行分类后，不得随意变更，具体应按照如下规定处理：

(1)企业在初始确认时，将某金融资产划分为以公允价值计量且其变动计入当期损益的金融资产后，不能重分类为其他类金融资产；其他类金融资产也不能重分类为以公允价值计量且其变动计入当期损益的金融资产。

(2)持有至到期投资、贷款和应收款项、可供出售金融资产等三类金融资产之间也不得随意重分类。

(3)企业因持有意图或能力的改变，使某项投资不再适合划分为持有至到期投资的，应当将其重分类为可供出售金融资产。

以公允价值计量且其变动计入当期损益的金融资产的重分类规则如图6－4所示。

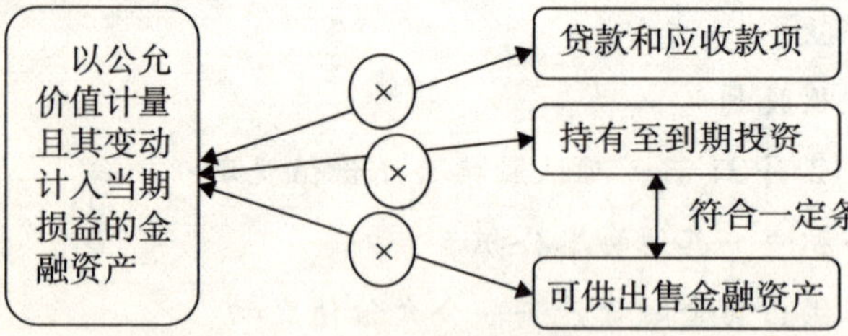

图6－4　金融资产的重分类规则

二、持有至到期投资重分类为可供出售金融资产

(一)持有至到期投资重分类为可供出售金融资产的条件

企业将持有至到期投资在到期前处置或重分类，通常表明其违背了将投

资持有至到期的最初意图。如果处置或重分类为其他类金融资产的金额相对于该类投资（即企业全部持有至到期投资）在出售或重分类前的总额较大，则企业在处置或重分类后，应立即将其剩余的持有至到期投资（即全部持有至到期投资扣除已处置或重分类的部分）重分类为可供出售金融资产。但是，遇到下列情况的除外：

（1）出售日或重分类日距离该项投资到期日或赎回日较近，如到期前三个月内，且市场利率变化对该项投资的公允价值没有显著影响。

（2）根据合同约定的偿付方式，企业已收回几乎所有的初始本金。

（3）出售或重分类是由于企业无法控制、预期不会重复发生且难以合理预计的独立事件所引起。此种情况主要包括：① 因被投资单位信用状况严重恶化，将持有至到期投资予以出售。② 因相关税收法规取消了持有至到期投资的利息税前可抵扣政策，或显著减少了税前可抵扣金额，将持有至到期投资予以出售。③ 因发生重大企业合并或重大处置，为保持现行利率风险头寸或维持现行信用风险政策，将持有至到期投资予以出售。④ 因法律、行政法规对允许投资的范围或特定投资品种的投资限额作出重大调整，将持有至到期投资予以出售。⑤ 因监督部门要求大幅度提高资产流动性，或大幅度提高持有至到期投资在计算资本充足率时的风险权重，将持有至到期投资予以出售。

【例 6－11】 2010 年 1 月，甲公司从美国市场以 2 200 万美元的价格购入美国某金融公司新发行的 5 年期固定利率债券，票面利率 4.5%，债券面值为 2 000 万美元。甲公司将其划分为持有至到期投资。

2011 年 9 月，受美国雷曼兄弟公司破产的影响，该金融公司所发行债券的二级市场价格严重下滑。为此，国际公认的评级公司将该金融公司的长期信用等级从 BAA2 下调至 BAA3，认为该金融公司的清偿能力较弱，风险相对越来越大，对经营环境河其他内外部条件变化较为敏感，容易受到冲击，具有较大的不确定性。

综合考虑上述因素，甲公司认为，尽管所持有的该金融公司债券剩余期限较短，但由于其未来表现存在相当大的不确定性，继续持有这些债券会有较大的信用风险。为此，甲公司于 2012 年 1 月将该金融公司债券按低于面值的价格出售。

本例中，甲公司出售所持有的美国某金融公司债券主要是由于其本身无法控制、预期不会重复发生且难以合理预计的独立事件所引起的，因而不会影响到甲公司对其他持有至到期投资的分类。

【例6-12】 2009年7月，某银行支付990万美元从市场上以折价方式购入一批美国某汽车金融公司发行的三年期固定利率债券，票面利率4.5%，债券面值为2 000万美元。该银行将其划分为持有至到期投资。

2011年初，美国汽车行业受燃油价格上涨、劳资纠纷、成本攀升等诸多因素影响，盈利能力明显减弱，该汽车金融公司所发行债券的二级市场价格严重下滑。为此，国际公认的评级公司将该汽车金融公司的长期信贷等级从BAA2下调至BAA3，认为该汽车金融公司的清偿能力较弱，风险相对越来越大，对经营环境和其他内外部条件变化较为敏感，容易受到冲击，具有较大的不确定性。

综合考虑上述因素，这家银行认为，尽管所持有的汽车金融公司债券剩余期限较短，但由于其未来业绩表现存有相当大的不确定性，继续持有这些债券会有较大的信用风险。为此，该银行于2011年8月将该持有至到期债券按低于面值的价格出售。

本例中，这家银行出售所持有的某汽车金融公司债券主要是由于其本身无法控制、预期不会重复发生且难以合理预计的独立事件所引起，因而不会影响到对其他持有至到期投资的分类。

【例6-13】 甲银行和乙银行是非同一控制下的两家银行。2011年11月，甲银行采用控股合并方式合并了乙银行，甲银行的管理层也因此作了调整。甲银行的新管理层认为，乙银行的某些持有至到期债券时间趋长，合并完成后再将其划分为持有至到期投资不合理。为此，在购买日编制的合并资产负债表内，甲银行决定将这部分持有至到期债券重分类为可供出售金融资产。根据金融工具确认和计量准则，甲银行在合并日资产负债表内进行这种重分类没有违背划分为持有至到期投资所要求的“有明确意图和能力”。

值得说明的是，甲银行如果因为要合并乙银行而将其自身的持有至到期投资的较大部分予以出售，则违背了划分为持有至到期投资所要求的“有明确意图和能力”。

（二）持有至到期投资重分类为可供出售金融资产的会计处理

企业因持有意图或能力发生改变，使某项投资不再适合划分为持有至到期投资的，应当将其重分类为可供出售金融资产，并以公允价值进行后续计量。重分类日，该投资的账面价值与其公允价值之间的差额计入所有者权益，在该可供出售金融资产发生减值或终止确认时转出，计入当期损益。

持有至到期投资部分出售或重分类的金额较大，且不属于例外情况，使该投资的剩余部分不再适合划分为持有至到期投资的，企业应当将该投资的剩余部分重分类为可供出售金融资产，并以公允价值进行后续计量。重分类日，该投资剩余部分的账面价值与其公允价值之间的差额计入所有者权益，在该可供出售金融资产发生减值或终止确认时转出，计入当期损益。

以上两种情形下的账务处理为：应在重分类日，按持有至到期投资的公允价值，借记“可供出售金融资产——成本”科目，按其账面余额，贷记“持有至到期投资——成本、利息调整、应计利息”科目，按其差额，贷记或借记“资本公积——其他资本公积”科目。已计提减值准备的，还应同时结转减值准备，借记“资产减值准备——持有至到期投资”科目，贷记“资本公积——其他资本公积”科目。

【例6－14】2010年1月1日，甲公司从深圳证券交易所购入乙公司债券100 000份，支付价款1 100万元，债券票面价值总额为1 000万元，剩余期限为5年，票面年利率为8%，于年末支付本年度债券利息。甲公司将持有的乙公司债券划分为持有至到期投资。

2011年7月1日，甲公司为解决资金紧张问题，通过深圳证券交易所按每张债券101元出售乙公司债券20 000份。当日，每份乙公司债券的公允价值为101元、摊余成本为100元。

假定出售债券时不考虑交易费用及其他相关因素。

甲公司出售乙公司债券的相关账务处理如下。

①2011年7月1日，出售乙公司债券20 000份：

借：银行存款　2 020 000

　贷：持有至到期投资——乙公司债券(成本、利息调整)　2 000 000

　　投资收益——乙公司债券　20 000

②2011年7月1日，将剩余的80 000份乙公司债券重分类为可供出售金融资产：

借：可供出售金融资产——乙公司债券(成本)　8 080 000

　贷：持有至到期投资——乙公司债券(成本、利息调整)　8 000 000

　　资本公积——其他资本公积(公允价值变动——乙公司债券)　80 000

【例6－15】2010年7月1日，甲银行从二级市场平价(不考虑交易费用)购入一批债券，面值1 000万元，剩余期限3年，划分为持有至到期投资。2011年7月1日，出于提高流动性考虑，甲银行决定将该批债券的10%出售。当日，该批债券整体的公允价值和摊余成本分别为950万元和1 000万元。

假定出售债券时不考虑交易费用及其他相关因素，甲银行出售该债券时账务处理如下(金额单位：万元)。

①2011年7月1日，出售债券：

借：存放中央银行款项　95

　投资收益　5

　贷：持有至到期投资　100

②2011年7月1日，重分类：

借：可供出售金融资产——成本　900

　资本公积——其他资本公积　45

　贷：可供出售金融资产——公允价值变动　45

　　持有至到期投资　900

第七章　衍生金融工具投资及会计处理

第一节　衍生金融工具概述

一、衍生金融工具的定义及特点

衍生金融工具，又称“金融衍生产品”，是与基础金融产品相对应的一个概念，指建立在基础产品或基础变量之上，其价格取决于后者价格变动的派生金融产品。衍生金融工具的特征如下图 7－1 所示。

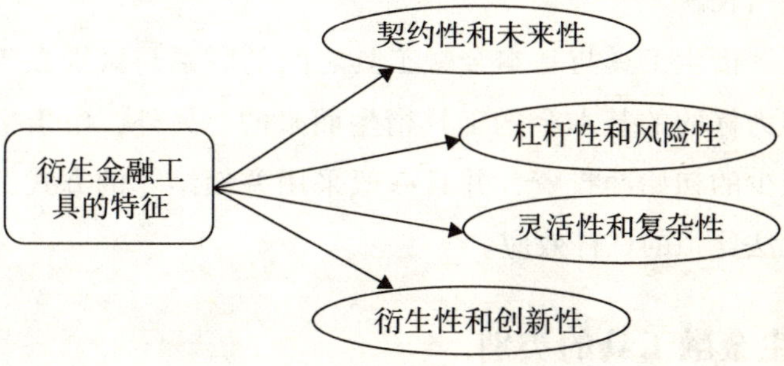

图 7－1　衍生金融工具的特征

（一）契约性和未来性

衍生金融工具是以金融工具为对象的经济合同，其实质是一种契约。这种契约的标的物、交易时间、交易条件等一旦确定，双方的权利和义务便基本确定，并且该合约一般在未来履约。

（二）杠杆性与风险性

衍生金融工具的初始净投资很少，甚至为零，经常采用保证金交易方式，结算时一般采用净额交割。投资者只需动用少量资金即可进行数额巨大的交易，以小博大，具有杠杆性。但同时也使衍生金融工具的收益和风险成倍数扩大，如果实际的变动趋势与投资者预测的一致，就可获得高额的收益。但是，一旦预测失误，就可能蒙受巨大损失，甚至会造成国际金融市场的剧烈动荡。

(三)灵活性和复杂性

随着衍生金融工具的迅速发展，衍生金融工具在设计和创新上具有很强的灵活性，既可以根据客户需要，在时间、金额、杠杆比率、价格、风险级别等方面为其“度身定造”，还可以将各种衍生工具进行组合，而且包含较多的技术含量，使得衍生金融工具纷繁复杂，从而加大了一般投资者对金融衍生新产品的理解难度，更不容易完全正确地运用。

(四)衍生性和创新性

衍生金融工具一般以一个或几个基本金融工具作为标的，并处于不断的发展创新之中，使衍生金融工具不断构造出“再衍生工具”，几乎每个月都有一种新型的衍生工具产生。衍生工具以惊人的速度迅猛发展，衍生工具的发行量也呈高速增长。

以上可见，衍生工具与基本金融工具之间的联系与区别在于，衍生工具的价值是由作为标的的基本金融工具衍生而来的。另外，由于衍生工具不需要或只需要很少的初始净投资，并且一般采用差额结算的方式，因而具有基本金融工具无法比拟的杠杆效应。

二、衍生金融工具的类别

目前，衍生金融工具包括远期合同、期货合同、互换和期权，以及具有远期合同、期货合同、互换和期权中一种或一种以上特征的工具，如图7-2所示。

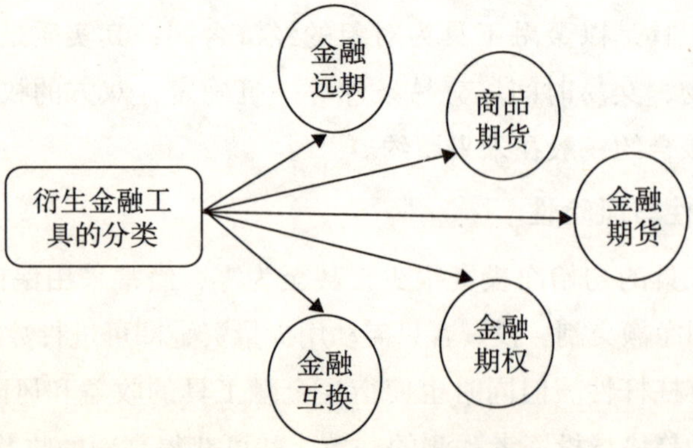

图7-2 衍生金融工具的分类

1. 金融远期(远期合同)

金融远期是指在确定将来的某一时间按照确定的价格购买或出售某项资产的合约。由于是非标准合约，因此，流通性差，难以转让，绝大部分远期合约都必须到期进行实际交割。根据标的不同，金融远期主要包括远期外汇合约和远期利率协议。

(1)远期外汇合约。是指客户与经营外汇银行之间或经营外汇的银行相互之间签订合约，在双方约定的未来日期按约定的远期汇率将一种货币兑换成另一种货币的交易行为，在期汇交易中签订的合约即为远期外汇合约，合约的标的物为外汇。

(2)远期利率协议。远期利率协议是一种以利率为标的物的远期合约，通过这种合约，买方和卖方可以把未来某一时点开始的某个预先约定的期间内的利率锁定。具体来说，远期利率协议是双方协定以未来一定期间、一定名义的本金为计算基础，将约定利率与约定期间开始日的市场利率之差形成的利息差额的现值，由一方支付给另一方的合约。

2. 商品期货

商品期货是指买卖双方在有组织的交易场所内，以公开竞价的方式达成协议，约定在未来某一特定时间交割标准数量特定商品的交易合约。从商品交易的种类划分，商品期货主要包括：

(1)农作物产品。主要包括黄豆、玉米、小麦、砂糖、豆油、棕榈油、亚麻仁、椰干、可可、木材、棉花、咖啡等。

(2)畜牧产品。主要包括活牛、活猪、其他家畜等。

(3)工业产品。主要包括橡胶、工业棉花、钢材等。

(4)贵重金属。主要包括黄金、白银、白金和钯等。

(5)基本金属。主要包括铝、铜、铅、镍、锌等。

(6)能源产品。主要包括热燃油、轻原油、无铅汽油、含铅汽油和燃料油、丙烷等。

3. 金融期货

金融期货是指买卖双方在有组织的交易场所内，以公开竞价的方式达成协议，约定在未来某一特定时间交割标准数量特定金融工具的交易合约。与金融远期不同的是，由于是标准化合约，具有较强的流动性，绝大多数合约在到期前被平仓，到期交割的比例极小。根据标的不同，金融期货主要有外汇期货、利率期货和股票指数期货。

(1)外汇期货。指交易双方在有组织的交易场所按照交易规则，通过公开竞价，买卖特定币种、特定数量、特定交割期的标准合约的交易。外汇期货合约的标的是各种可自由兑换的货币，可以用于规避汇率变动的风险或利用汇率变动获取利益。

(2)利率期货。利率期货也是在有组织的场所内，按照交易规则，通过公开竞价，买卖特定数量、特定交割期的标准合约的交易。但利率期货合约标的物是各种利率的载体，通常包括商业票据、定期存单、国债及其他政府公债。利率期货通过签订约定远期利率的协议，使投资者能够锁定未来的利率水平，实现套期保值。

(3)股票指数期货。股票指数期货是以股票价格指数作为合约标的物，又称股指期货。股指期货合约的价格是按指数的点数与一个固定金额相乘计算的，合约是以现金进行结算或交割。

4. 金融期权

期权是一种交易选择权，是一种能在未来某特定时间以特定价格买入或卖出一定数量的某种特定商品的权利，有卖权和买权两个基本类型。买权，即看涨期权，其持有者有权在某一个确定时间以确定价格购买标的资产；而卖权或看跌期权，其持有者有权在某一确定时间以某一确定价格出售标的资产。在这两类期权中，有交易选择权的一方都必须向另一方支付权利金，即期权价格。根据标的资产的不同，金融期权包括外汇期权、利率期权、股票期权和股票指数期权等。

5. 金融互换

金融互换是指当事人按照一定的条件在金融市场上进行不同金融工具交换的合约。金融互换交易由于考虑了交易各方的自身情况，并利用了各自的优势，通常可以同时增加交易各方的经济利益。金融互换主要分为货币互换、利率互换等。

(1)货币互换。货币互换是指以一种货币表示的一定数量的资本及在此基础上产生的利息支付义务，与另一种货币表示的相应数量的资本额及在此基础上产生利息支付义务进行相互交换。货币互换的前提是要存在两个在期限和金额上利益相同而对货币需求相反的伙伴，双方按预先约定进行资本额的互换；互换后，每年以约定利率和资本额为基础进行利息支付的互换，协议到期后，再按照原约定的利率将原资本额换回。也就是说，货币互换要在期初、计息日、到期日发生多次资金流动，而且资金的流动是双向的。

(2)利率互换。利率互换是在货币互换的基础上产生的，是指计息方法不同(一方以固定利率计息，另一方以浮动利率计息)或者利率水平不一致的债权或债务之间进行的转换。与货币互换不同的是，利率互换是在利率不同的同一货币之间互换，并且不进行本金的互换，只是在协议约定的各期互换由于利息不同而产生的利息差额。由于没有期初及最后的本金互换，利率互换的资金流动只发生在计息日，而且由于是净额结算，因此，资金的流动是单向的。

三、衍生金融工具在我国的发展现状

20 世纪九十年代初，随着股票市场、债券市场和商品期货市场的出现和不断发展，为衍生金融工具交易在中国的产生创造了一定的环境和条件。1992 年 6 月，上海外汇调剂中心率先创办了上海外汇期货市场，开办人民币汇率期货交易，同年 12 月，上海证券交易所推出第一张国债期货合约，1993 年 3 月，海南出现非正式的股票指数期货交易，1994 年 11 月，深圳证券交易所认股权证交易掀起热潮，此后，越来越多的衍生金融工具开始冲击成长中的中国金融市场。下面介绍一些中国主要衍生金融工具的发展情况。

(一)外汇期货

1992 年 6 月 1 日，中国开始试办外汇期货交易，上海外汇调剂中心成为中国第一个外汇期货交易市场。由于当时的汇率实际上是双轨汇率，外汇期货价格形成难以直接反映汇率变动的预期，再加上外汇现货交易有许多严格的附加条件，使市场交易显得非常清淡。相比之下，全国各地涌现出的大量外汇期货经纪公司，它们的交易量则显得很大。为了使外汇期货正规化，1993 年 7 月，国家外汇管理局发出通知规定，办理外汇(期货)交易仅限于广州、深圳的金融机构，其他各地的外汇期货交易机构必须停止办理，金融机构办理外汇期货交易，以企业进出口贸易支付和外汇保值为目的，不得引导企业和个人进行外汇投机交易。企业和个人的外汇交易必须是现汇交易，严禁以人民币资金的抵押办理外汇交易，严禁买空卖空的投机行为。实际上，由于严格的管制办法，中国外汇期货试点处于停顿状态。

(二)股票指数期货

中国的股票期货开始于1993年3月10日，是由海南证券交易中心推出的深圳证券(简称深证)指数期货交易。期货合约的标的物为深证综合指数和深证A股指数，每种标的物均有3、6、9、12月份交割的合约，共计8个品种，一个点位盈亏额为500元人民币。当时，经过几个月的运作，海南证券交易中心发现，A股指数期货交易无人问津，综合指数期货交易虽呈上升趋势，但月成交量最高仅为千余次。由于投资者对这一投资方式认识不足，再加上中国股市发展的不稳定性，管理与运作不规范，容易引发投机行为，到1993年9月底，为维护股市的健康发展，股票指数期货交易被中止。

(三)国债期货

中国国债期货交易在1992年12月28日由上海证券交易所首次推出。期货合约共有12个品种，仅对机构投资人开设。由于国债票面利率固定，现货价格受市场利率影响也不大，国债期货交易推出后近一年时间内交易清淡，影响微弱。1993年7月10日，财政部颁布了《关于调整国库券发行条件的公告》，决定对一些国债品种保值进行贴补，国债的收益率开始出现不确定性，市场炒作空间扩大，交易规模迅速扩大。此后一年多的时间里，全国各地金融中心相继开办了十多个国债期货交易市场，国债期货交易量成倍放大，1994年国债期货成交19 053.83亿元，是现货市场445亿元成交量的40多倍。随着国债期货交易的蓬勃发展，违规事件也相继发生，其中，1995年2月23日爆发的“327事件”轰动全国，令万国证券亏损十多亿元，走向倒闭。由于违规事件不断出现，1995年5月17日，证监会决定全国范围内暂停国债期货交易试点。至此，两年的国债期货交易试点暂告一段落。

(四)认股权证

权证交易在中国的产生是在其特有的经济环境下由配股权交易演变而来

的，带有期权交易性质，其有 A1 权证和 A2 权证之分，其中，A1 权证代表购买公众股配股部分的权证，A2 权证代表购买国家股、法人股转配股的购股权证。1994 年 9 月初，深圳证券交易所上市的许多公司陆续推出配股方案，大多数方案中，国有股、法人股股东表示愿意放弃配股权并转让给个人，于是深圳有关方面准备安排转配部分同时上市。1994 年 10 月，中国证监会特批深圳交易所的 6 只权证，转配部分继续交易。1994 年 12 月，这 6 只权证分离为 A1 权证和 A2 权证，其中，A1 权证交易在规定时间内退出，但 A2 权证交易则延期至 1996 年 6 月。因此，所谓真正意义上的权证市场也只包含了这 6 只 A2 权证的交易。但自 1996 年 6 月以后，A2 权证市场也不复存在了。

（五）可转换债券

自 20 世纪九十年代以来，中国企业逐渐开始尝试运用可转换债券来拓展资金来源渠道，解决资金短缺的问题。从 1991 年 8 月起，先后有琼能源、成都工益、深宝安、中纺机、深南玻、南宁化工、吴江丝绸等企业在境内外发行了可转换公司债券。其中，琼能源、成都工益两家企业是用其发行新股，并已分别于 1993 年 5 月、1994 年 1 月转股后在深、沪交易所上市。1996 年 4 月，国务院证券委员会提出，选择有条件的股份公司进行可转换债券的试点，后来又颁布实施了具体的管理办法。目前，深沪两市有 5 家股份公司的可转换债券上市交易。

（六）外汇远期

1997 年 4 月，与中国外汇管理政策相配套的、具有中国特色的外汇与人民币之间的远期合约——人民币远期结售汇业务推出，标志着中国外汇远期业务的正式开始。当时是以中国银行总行及其 11 家分行为试点，币种包括美元、日元、德国马克和港币，期限分为七天至四个月九种。1998 年 1 月后，中国银行全辖分行均可进行远期保值外汇买卖业务，1999 年 1 月又增加了欧元与人民币之间的远期结售汇业务。1999 年 4 月，国家禁止资本项目下的远期结售汇业务，只允许从事经常项目下的远期结售汇业务。

根据上述衍生金融工具的发展情况，我们不难发现，目前，衍生金融工具的交易已经从过去的冷热不均时期进入了一个平静时期，许多衍生金融工具的交易被停止，剩下可交易的品种屈指可数。同时我们也看到，中国衍生金融工具的交易是在不发达的现货市场上进行的，市场的自我调节能力较差。交易多以投机为目的，缺乏套期保值功能，风险大，但又没有完备的风险监管体系。市场的参与者不够成熟，盲目跟风者众多。同时，政策多变，缺乏原则性和一贯性。

第二节　衍生金融工具的会计处理

企业投资衍生金融工具的目的有两个：投机和套期保值。套期保值是为了规避风险，属于具有特殊目的的衍生金融工具投资。下面我们依次介绍投机衍生金融工具业务和套期保值衍生金融工具业务的会计处理。

一、投机衍生金融工具的会计处理

（一）衍生金融工具确认的原则

衍生金融工具的确认是指将符合衍生金融工具的定义和衍生金融工具确认条件的项目记入有关金融工具账户和列入资产负债表的过程。

1. 衍生金融工具的确认原则

企业成为衍生金融工具合同的一方时，应将衍生金融工具合同形成的权利或义务，确认为金融资产或金融负债并予以计量。但是，如果衍生金融工具涉及金融资产转移，且导致该金融资产转移不符合终止确认条件的，则不应将其确认。

2. 衍生金融工具的终止确认原则

衍生金融工具的终止确认，是指将衍生金融工具从企业账户和资产负债表内予以转销。金融工具确认和计量准则规定，收取金融资产现金流量的合同权利终止，或金融资产已经转移，应当终止确认该项衍生金融工具。

（二）衍生金融工具计量的原则

衍生金融工具属于交易性金融资产或金融负债，应以公允价值计量且其变动计入当期损益。但是，被指定为有效套期工具的衍生金融工具、属于财务担保合同的衍生金融工具、与在活跃市场中没有报价且其公允价值不能可靠计量的权益工具投资挂钩并须通过交付该权益工具结算的衍生金融工具除外。其中，财务担保合同是指由保证人和债权人约定，当债务人不履行债务时，保证人按照约定履行债务或者承担责任的合同。

企业取得衍生金融工具发生的相关交易费用应当直接计入当期损益。其中的交易费用，是指可直接归属于购买、发行或处置金融工具新增的外部费用。新增的外部费用，是指企业不购买、发行或处置金融工具就不会发生的费用，包括支付给代理机构、咨询公司、券商等的手续费和佣金及其他必要支出，不包括债券溢价、折价、融资费用、内部管理成本及其他与交易不直接相关的费用，交易费用构成实际利息的组成部分。

（三）衍生金融工具核算的科目设置

1.“衍生工具”科目

企业应该设置“衍生工具”会计科目核算衍生金融工具的公允价值及其变动形成的衍生资产或衍生负债。该科目是一个共同类性质的会计科目，应该按照衍生金融工具的类别进行明细核算，分别设置“期货合约”、“期权合约”、“远期合约”、“互换合约”等明细科目。企业取得衍生资产计入该科目的借方；取得衍生负债计入该科目的贷方。衍生资产公允价值增加的，计入该科目的借方；衍生资产公允价值减少的，计入该科目的贷方。衍生负债公允价值增加的，计入该科目的贷方；衍生负债公允价值减少的，计入该科目的借方。该科目期末如有借方余额，反映衍生金融工具形成资产的公允价值；如有贷方余额，反映衍生金融工具形成负债的公允价值。

2.“公允价值变动损益”科目

企业应该设置“公允价值变动损益”会计科目核算衍生金融工具的公允价值变动。该科目是一个损益类科目。衍生资产公允价值增加的，计入该科目的贷方；衍生资产公允价值减少的，计入该科目的借方。衍生负债公允价值增加的，计入该科目的借方；衍生负债公允价值减少的，计入该科目的贷方。期末要将该科目余额全部结转入“本年利润”科目，结转后该科目没有余额。

（四）衍生金融工具业务的账务处理

企业取得衍生金融工具，应按其公允价值，借记“衍生工具”科目，发生的交易费用，借记“投资收益”科目，按照实际支付的金额，贷记“银行存款”

等科目。企业发行衍生金融工具，承担负债时，借记“银行存款”等科目，贷记“衍生工具”科目。资产负债表日，取得衍生工具的一方的衍生金融工具的公允价值高于其账面余额的差额，借记“衍生工具”科目，贷记“公允价值变动损益”科目，公允价值低于其账面余额的差额，作相反的会计处理。

处置衍生金融工具的时候，按照实际收到的金额，借记“银行存款”、“结算备付金”等科目，按衍生金融工具的账面价值，贷记“衍生工具”科目，按其差额，借记或贷记“投资收益”科目，同时，将原计入该衍生金融工具的公允价值变动转出，借记或贷记“公允价值变动损益”科目，贷记或借记“投资收益”科目。

【例7－1】甲公司2011年5月1日投入乙期货公司80万元，进行期货合约交易。5月6日买入合约一张，单价为2 500元，数量为200吨，应付保证金3万元。5月底该期货合约单价上涨至2 510元，6月底该合约单价上涨至2 515元，7月25日公司按照单价2 520元卖出平仓。

①2011年5月1日，以银行存款拨付资金，编制会计分录如下：

借：存出保证金——乙期货公司　800 000

　　贷：银行存款　800 000

②2011年5月6日，购买合约，编制会计分录如下：

借：衍生工具——期货合约　30 000

　　贷：存出保证金——乙期货公司　30 000

③2011年5月28日，结算月末持仓期货合约的浮动盈亏(即确定公允价值变动)为：(2 510－2 500)×200＝2 000(元)，编制会计分录如下：

借：衍生工具——期货合约　2 000

　　贷：公允价值变动损益　2 000

④2011年6月31日，结算月末持仓期货合约浮动盈亏(即确定公允价值变动)为：(2 515－2 500)×200－2 000＝1 000(元)，编制会计分录如下：

借：衍生工具——期货合约　1 000

　　贷：公允价值变动损益　1 000

⑤2011年7月25日，卖出期货合约平仓，结算盈亏额=(2 520－2 500)×200－3 000=1 000(元)。此笔期货合约买入价格2 500元，卖出价格2 520元，净收益4 000元。其中，2011年5月已确认收益2 000元，2011年6月已确认收益1 000元，剩余1 000元的收益在当月入账，所得利润不予分配，仍留存期货公司。编制会计分录如下：

借：存出保证金——乙期货公司　　4 000
　　贷：衍生工具——期货合约　　3 000
　　　　投资收益　　1 000

合约平仓，冲回原购买期货合约的款项，编制会计分录如下：

借：存出保证金——乙期货公司　　30 000
　　贷：衍生工具——期货合约　　30 000

同时，将公允价值变动损益确认为投资收益，编制会计分录如下：

借：公允价值变动损益　　3 000
　　贷：投资收益　　3 000

以上各笔分录过入总分类账所属各明细分类账户后，“存出保证金——乙期货公司”账户为借方余额804 000元，“衍生工具——期货合约”、“公允价值变动损益”账户结平，“投资收益”账户的贷方余额为4 000元，说明该公司通过期货投资业务获得了收益。

二、套期保值衍生金融工具的确认和计量原则

（一）套期保值的定义和类别

1. 套期保值的定义

套期保值是指企业为规避外汇风险、利率风险、商品价格风险、股票价格风险、信用风险等，指定一项或一项以上的衍生金融工具为套期工具，使套期工具的公允价值或现金流量变动预期抵消被套期项目全部或部分公允价值或现金流量变动。套期保值业务主要涉及套期工具、被套期项目和套期关系三个要素。

2. 套期保值的类别

由于运用套期会计方法的不同，套期保值（以下简称套期）按套期关系，

即套期工具和被套期项目之间的关系，可划分为公允价值套期、现金流量套期和境外经营净投资套期，如图7－3所示。

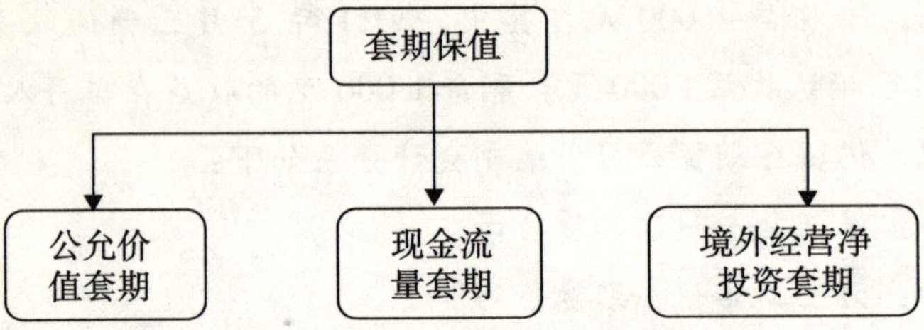

图7－3　套期保值的类别

(1)公允价值套期。是指对已确认资产或负债、尚未确认的确定承诺，或该资产或负债、尚未确认的确定承诺中可辨认部分的公允价值变动风险进行的套期。

(2)现金流量套期。是指对现金流量变动风险进行的套期。该类现金流量变动源于与已确认资产或负债、很可能发生的预期交易有关的某类特定风险，且将影响企业的损益。对确定承诺的外汇风险进行的套期，企业可以作为现金流量套期或公允价值套期。

(3)境外经营净投资套期。是指对境外经营净投资外汇风险进行的套期。企业既无计划也无可能于可预见的未来会计期间结算的长期外币货币性应收项目(含贷款)，应当视同境外经营净投资的组成部分。因销售商品或提供劳务等形成的期限较短的应收账款不构成境外经营净投资。

(二)套期工具和被套期项目

1. 套期工具

套期工具是指企业为进行套期而指定的、其公允价值或现金流量变动预期可抵消被套期项目的公允价值或现金流量变动的衍生金融工具。对外汇风险进行套期还可以将非衍生金融资产或非衍生金融负债作为套期工具。我国套期保值准则对其作了如下具体规定。

(1)衍生金融工具通常可以作为套期工具。衍生金融工具包括远期合同、期货合同、互换和期权，以及具有远期合同、期货合同、互换和期权中一种或一种以上特征的工具。

但是，如果某项衍生金融工具无法有效地对冲被套期项目风险的，则不能作为套期工具。例如，企业发行的期权就不能作为套期工具。因为该期权的潜在损失可能大大超过被套期项目的潜在利得，从而不能有效地对冲被套期项目的风险。与此不同的是，购入期权的一方可能承担的损失最多就是期权费，而可能有的利得通常等于或大大超过被套期项目的潜在损失，因而购入期权的一方可以将购入的期权作为套期工具。为此，套期保值准则规定，对于利率上下限期权，或由一项企业发行的期权和一项购入的期权组成的期权，其实质相当于企业发行一项期权(即企业收取了净期权费)，不能将其指定为套期工具。

(2)非衍生金融资产或非衍生金融负债通常不能作为套期工具，但被套期风险为外汇风险时，某些非衍生金融资产或非衍生金融负债可以作为套期工具。例如，某种外币借款可以作为对同种外币结算的销售(确定)承诺的套期工具；又如，持有至到期投资可以作为规避外汇风险的套期工具。

(3)无论是衍生金融工具还是某些非衍生金融资产或非衍生金融负债，其作为套期工具的基本条件就是其公允价值应当能够可靠地计量。

(4)在运用套期会计方法时，只有涉及报告主体以外的主体的工具(含符合条件的衍生金融工具或非衍生金融资产或非衍生金融负债)才能作为套期工具。

2. 被套期项目

被套期项目，是指使企业面临公允价值或现金流量变动风险，且被指定为被套期对象的项目，套期保值准则对被套期项目的具体规定如下。

(1)作为被套期项目，应当是企业面临公允价值或现金流量变动风险(即被套期风险)，在本期或未来期间会影响企业损益。

(2)衍生金融工具不能作为被套期项目。

(3)对于信用风险或外汇风险，企业可以将持有至到期投资作为被套期项目，而对于利率风险或提前还款风险，则不可以作为被套期项目。

(4)采用权益法核算的股权投资不能在公允价值套期中作为被套期项目。因为权益法下，投资方只是将其在联营企业或合营企业中的损益份额确认为当期损益，而不确认投资的公允价值变动。

(5)在运用套期会计方法时，只有涉及报告主体以外的主体的资产、负债、确定承诺或很可能发生的预期交易才能作为被套期项目。因此，企业集团内的各组成企业或分部之间发生的套期活动，只能在各组成企业的财务报表或分部的分部报告中运用套期会计方法，而不能在企业集团合并财务报表中对其予以反映。

(三)套期保值业务的会计处理

1. 套期保值核算的科目设置

进行套期保值会计核算需设置“套期工具”、“被套期项目”和“套期损益”等会计科目。

(1)“套期工具”科目。该科目是一个共同类性质的会计科目，核算企业开展套期保值业务，包括公允价值套期、现金流量套期和境外经营净投资套期，套期工具公允价值变动形成的资产或负债。该科目可按套期工具的类别进行明细核算。

企业将已确认的衍生金融工具等金融资产或金融负债指定为套期工具的，应按其账面价值，借记或贷记“套期工具”科目，同时，贷记或借记“衍生金融工具”等科目。资产负债表日，对于有效套期，应按套期工具产生的利得，借记“套期工具”科目，贷记“套期损益”等科目；套期工具产生的损失作相反的会计分录。金融资产或金融负债不再作为套期工具核算的，应按套期工具形成的资产或负债，借记或贷记有关科目，同时，贷记或借记“套期工具”科目。

“套期工具”科目期末的借方余额反映企业套期工具形成资产的公允价值，贷方余额反映企业套期工具形成负债的公允价值。

(2)“被套期项目”科目。该科目是一个共同类性质的会计科目，核算企业开展套期保值业务被套期项目公允价值变动形成的资产和负债。

企业将已确认的资产或负债指定为被套期项目，应按其账面价值，借记或贷记“被套期项目”科目，同时，贷记或借记“库存商品”、“长期借款”、“持有至到期投资”等科目。已计提跌价准备或减值准备的被套期项目，还应同时结转跌价准备或减值准备。资产负债表日，对于有效套期，应按被套期项目产生的利得，借记“被套期项目”科目，贷记“套期损益”等科目；被套期项目产生的损失，作相反的会计分录。资产或负债不再作为被套期项目核算的，应按被套期项目形成的资产或负债，借记或贷记有关科目，同时，贷记或借记“被套期项目”科目。该科目可按被套期项目类别进行明细核算。

(3)“套期损益”科目。该科目是个损益类会计科目，用于核算有效套期关系中套期工具和被套期项目的公允价值变动。

企业也可不单独设置“套期损益”科目，其套期工具和被套期项目产生的损益通过“公允价值变动损益”科目核算。

2. 公允价值套期业务的账务处理

(1)公允价值套期业务的账务处理规定。公允价值套期满足运用套期会计方法条件的，应当按照下列规定处理：① 套期工具为衍生金融工具的，公允价值变动形成的利得或损失应当计入当期损益；套期工具为非衍生金融工具的，账面价值因汇率变动形成的利得或损失应当计入当期损益。② 被套期项目因被套期风险形成的利得或损失应当计入当期损益，同时调整被套期项目的账面价值。被套期项目为按成本与可变现净值孰低进行后续计量的存货、按摊余成本进行后续计量的金融资产或可供出售金融资产的，也应当按此规定处理。

(2)被套期项目利得或损失的账务处理要求和报表列示。① 对于金融资产或金融负债组合一部分的利率风险公允价值套期，企业对被套期项目形成的利得或损失应按下列方法处理：被套期项目在重新定价期间内是资产的，在资产负债表中资产项下单列项目反映，待终止确认时转销；被套期项目在重新定价期间内是负债的，在资产负债表中负债项下单列项目反映，待终止确认时转销。② 被套期项目是以摊余成本计量的金融工具的，对被套期项目账面价值所作的调整，应当按照调整日重新计算的实际利率在调整日至到期日的期间内进行摊销，计入当期损益。对利率风险组合的公允价值套期，在资产负债表中单列的相关项目，也应当按照调整日重新计算的实际利率在调整月至相关的重新定价期间结束日的期间内摊销。采用实际利率法进行摊销不切实可行的，可以采用直线法进行摊销。③ 被套期项目为尚未确认的确定承诺的，该确定承诺因被套期风险引起的公允价值变动累计额应当确认为一项资产或负债，相关的利得或损失应当计入当期损益。④ 在购买资产或承担负债的确定承诺的公允价值套期中，该确定承诺因被套期风险引起的公允价值变动累计额(已确认为资产或负债)，应当调整履行该确定承诺所取得的资产或承担的负债的初始确认金额。

(3)终止运用公允价值套期核算的条件。套期满足下列条件之一的，企业应终止进行公允价值套期核算：① 套期工具已到期、被出售、合同终止或已行使。套期工具展期或被另一项套期工具替换时，展期或替换是企业正式书面文件所载明的套期策略组成部分的，不作为已到期或合同终止处理。② 该套期不再满足运用套期会计方法的条件。③ 企业撤销了对套期关系的指定。

【例7-2】2011年1月1日，甲公司为规避所持有存货A的公允价值变动风险，与乙金融机构签订了一项衍生金融工具合同(即衍生金融工具B)，并将其指定为2011年上半年存货A价格变化引起的公允价值变动风险的套期。衍生金融工具B的标的资产与被套期项目存货在数量、质量、价格变动和产地方面相同。

2011年1月1日，衍生金融工具B的公允价值为零，被套期项目(存货A)的账面价值和成本均为20万元，公允价值是22万元。2011年6月30日，衍生金融工具B的公允价值上涨了5万元，存货A的公允价值下降了5万元。当日，甲公司将存货A出售，并将衍生金融工具B结算。

甲公司采用比率分析法评价套期有效性，即通过比较衍生金融工具B和存货A的公允价值变动评价套期有效性。甲公司预期该套期完全有效。

假定不考虑衍生金融工具的时间价值、商品销售相关的增值税及其他因素，甲公司的账务处理如下。(金额单位：元)

(1)2011年1月1日，将库存商品A套期，应将其转入被套期项目，编制会计分录如下：

借：被套期项目——库存商品A	200 000	
贷：库存商品——A		200 000

（2）2011 年 6 月 30 日，确认衍生金融工具 B 和被套期的库存商品 A 的公允价值变动，出售商品 A 并结算衍生金融工具 B。

① 结转套期工具 B 的公允价值变动，编制会计分录如下：

借：套期工具——衍生金融工具 B　　50 000

　　贷：套期损益　　50 000

② 结转被套期项目 A 的公允价值变动，编制会计分录如下：

借：套期损益　　50 000

　　贷：被套期项目——库存商品 A　　50 000

③ 售出库存商品 A，货款收到存入银行，编制会计分录如下：

借：银行存款　　170 000

　　贷：主营业务收入　　170 000

④ 结转库存商品 A 的销售成本 20 - 5 = 15（万元），编制会计分录如下：

借：主营业务成本　　150 000

　　贷：被套期项目——库存商品 A　　150 000

⑤ 收到套期工具 B 结算款 50 000 元，存入银行，编制会计分录如下：

借：银行存款　　50 000

　　贷：套期工具——衍生金融工具 B　　50 000

由上例可见，由于甲公司采用了套期策略，规避了存货公允价值变动风险，因此，其存货的公允价值下降没有对预期毛利额 220 - 200 = 20（万元）产生不利影响。

3. 现金流量套期业务的账务处理

（1）现金流量套期的账务处理规定。套期工具利得或损失中属于有效套期的部分，应当直接确认为所有者权益，并单列项目反映。该有效套期部分的金额，按照下列两项的绝对额中较低者确定：① 套期工具自套期开始的累计利得或损失。② 被套期项目自套期开始的预计未来现金流量现值的累计变动额。

套期工具利得或损失中属于无效套期的部分（即扣除直接确认为所有者权益后的其他利得或损失），应当计入当期损益。

(2)套期工具利得或损失后续处理的要求。被套期项目为预期交易，且该预期交易使企业随后确认一项金融资产或一项金融负债的，原直接确认为所有者权益的相关利得或损失，应当在该金融资产或金融负债影响企业损益的相同期间转出，计入当期损益。但是，企业预期原直接在所有者权益中确认的净损失全部或部分在未来会计期间不能弥补时，应当将不能弥补的部分转出，计入当期损益。

被套期项目为预期交易，且该预期交易使企业随后确认一项非金融资产或一项非金融负债的，企业可以选择下列方法处理：

① 原直接在所有者权益中确认的相关利得或损失，应当在该非金融资产或非金融负债影响企业损益的相同期间转出，计入当期损益。但是，企业预期原直接在所有者权益中确认的净损失全部或部分在未来会计期间不能弥补时，应当将不能弥补的部分转出，计入当期损益。

② 将原直接在所有者权益中确认的相关利得或损失转出，计入该非金融资产或非金融负债的初始确认金额。

(3)终止进行现金流量套期会计核算的条件。套期工具已到期、被出售、合同终止或已行使的，应终止核算；该套期不再满足进行套期保值准则规定的套期会计核算的条件的，应终止核算；预期交易预计不会发生的，应终止核算。在此条件下，对于在套期有效期间直接计入所有者权益中的套期工具利得或损失应当转出，计入当期损益。企业撤销了对套期关系指定的，应终止核算。

【例7-3】2011年1月1日，甲公司预期在2011年6月30日销售一批商品X，数量为20万吨。为规避该预期销售有关的现金流量变动风险，甲公司于2011年1月13日与某金融机构签订了一项衍生金融工具合同Y，且将其指定为对该预期商品销售的套期工具。衍生金融工具Y的标的资产与被套期预期商品销售在数量、质次、价格变动和产地等方面相同，并且衍生金融工具Y的结算日和预期商品销售日为2011年6月30日。该公司先后发生如下现金流量套期业务，进行相应账务处理。

(1)2011 年 1 月 1 日，衍生金融工具 Y 的公允价值为零，商品的预期销售价格为 220 万元。甲公司不作账务处理。

(2)2011 年 6 月 30 日，衍生金融工具 Y 的公允价值上涨了 5 万元，商品×的预期销售价格下降了 5 万元。当日，甲公司将商品×出售，并将衍生金融工具 Y 结算。假定公司预期该套期完全有效，不考虑衍生金融工具的时间价值、商品销售相关的增值税及其他因素。

① 确认衍生金融工具的公允价值变动，作会计分录如下：

借：套期工具——衍生金融工具 Y　　50 000

　　贷：资本公积——其他资本公积(套期工具价值变动)　　50 000

② 商品 X 对外售出，销售价格为 190 万元，收到款项存入银行，作会计分录如下：

借：银行存款　　1 900 000

　　贷：主营业务收入　　1 900 000

③ 衍生金融工具 Y 以银行存款结算，作会计分录如下：

借：银行存款　　50 000

　　贷：套期工具——衍生金融工具 Y　　50 000

④ 确认将原计入资本公积的衍生金融工具公允价值变动转出，调整销售收入，作会计分录如下：

借：资本公积——其他资本公积(套期工具价值变动)　　50 000

　　贷：主营业务收入　　50 000

(四)境外经营净投资套期的账务处理

对境外经营净投资的套期，企业应按类似于现金流量套期账务处理的规定处理：

(1)套期工具形成的利得或损失中属于有效套期的部分，应当直接确认为所有者权益，并单列项目反映。处置境外经营时，上述在所有者权益中单列项目反映的套期工具利得或损失应当转出，计入当期损益。

(2)套期工具形成的利得或损失中属于无效套期的部分，应当计入当期损益。

第三节 衍生金融工具列报

衍生金融工具列报包括衍生金融工具表内列示和表外信息披露两部分。

一、衍生金融工具的表内列示

衍生金融工具在财务报表上的列示如图 7－4 所示。

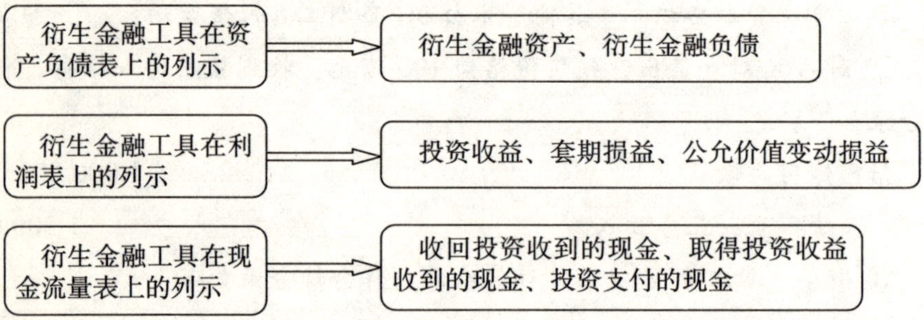

图 7－4 衍生金融工具在财务报表上的列示

（一）衍生金融工具在资产负债表的列示

发生衍生金融工具业务的企业，应该在资产负债表设置“衍生金融资产”和“衍生金融负债”项目列示，前者作为资产项目，后者作为负债项目。

“衍生金融资产”项目，反映企业期末持有的衍生金融工具、套期工具、被套期项目中属于衍生金融资产的金额，应根据“衍生工具”、“ 套期工具”和“被套期项目”等科目的期末借方余额分析计算填列。

“衍生金融负债”项目，反映企业期末持有的衍生金融工具、套期工具，被套期项目中属于衍生金融负债的金额，应根据“衍生工具”、“ 套期工具”和“被套期项目”等科目的期末贷方余额分析计算填列。

（二）衍生金融工具在利润表的列示

企业衍生金融工具产生的损益，根据不同的情况，分别反映在“投资收益”、“套期损益”和“公允价值变动损益”科目。

（三）衍生金融工具在现金流量表的列示

衍生金融工具引起的现金流入和流出属于投资活动的现金流量，根据具体情况分别在“收回投资收到的现金”、“取得投资收益收到的现金”和“投资支付的现金”等项目反映。

（四）关于金融工具报表列示时资产与负债相互抵消的特别规定

根据金融工具列报准则的规定，金融资产和金融负债应当在资产负债表内分别列示，不得相互抵消。但是，同时满足下列条件的，应当以相互抵消后的净额在资产负债表内列示，如图7－5所示。

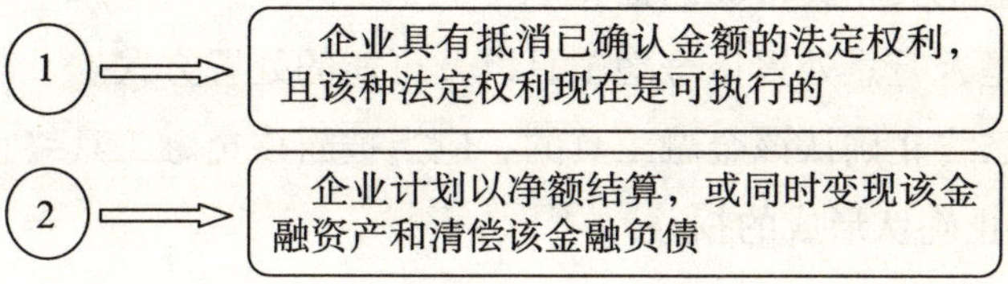

图7－5　金融资产和金融负债可以以抵消后的净额列示的条件

二、衍生金融工具信息披露要求

衍生金融工具披露，是指企业在附注中披露已确认和未确认衍生金融工具的有关信息。企业所披露的衍生金融工具信息，应当有助于财务报告使用者就金融工具对企业财务状况和经营成果影响的重要程度作出合理评价。根据金融工具列报准则的规定，企业应该至少披露如下有关衍生金融工具的信息。

（一）套期保值信息

企业应当披露与每类套期保值有关的下列信息：

（1）套期关系的描述。

（2）套期工具的描述及其在资产负债表日的公允价值。

（3）被套期风险的性质。

（4）对于现金流量套期，企业应当披露与现金流量套期有关的下列信息：①现金流量预期发生及其影响损益的期间。②以前运用套期会计方法处理但预期不会发生的预期交易的描述。③本期在所有者权益中确认的金额。④本期从所有者权益中转出、直接计入当期损益的金额。⑤ 本期从所有者权益中转出、直接计入预期交易形成的非金融资产或非金融负债初始确认的金额。⑥ 本期无效套期形成的利得或损失。

（二）权益工具及相应衍生金融工具

企业应当披露在活跃市场中没有报价的权益工具投资，以及与该权益工具挂钩并须通过交付该权益工具结算的衍生金融工具有关的下列信息：

（1）因公允价值不能可靠计量而未作相关公允价值披露的事实。

（2）该金融工具的描述、账面价值以及公允价值不能可靠计量的原因。

（3）该金融工具相关市场的描述。

（4）企业是否有意处置该金融工具以及可能的处置方式。

（5）本期已终止确认该金融工具的，应当披露该金融工具终止确认时的账面价值以及终止确认形成的损益。

第八章　投融资会计的内部控制与投融资风险管理

第一节　投融资的内部控制

一、投融资内部控制的主要内容与目标

（一）融资内部控制的主要内容与目标

1. 融资内部控制的主要内容

融资控制的主要内容包括融资活动发生前的审批、融资业务的合法性、利息和股利的计提和支付的适当性、股东权益记录的合规性。融资内部控制的具体内容如图 8－1 所示。

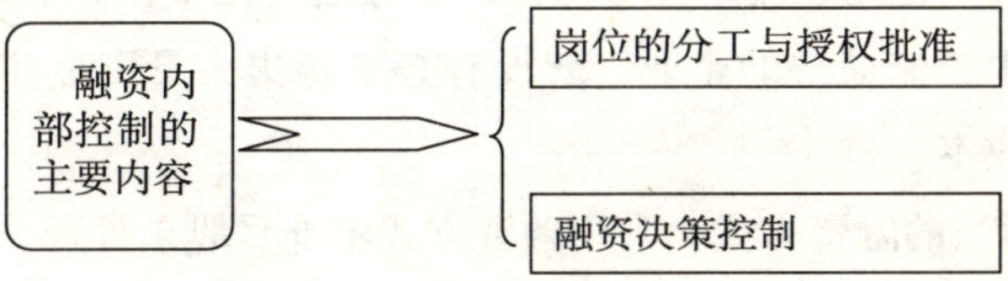

图 8－1　融资内部控制的主要内容

（1）岗位的分工与授权批准。企业应当将不相容职务相分离，对融资业务建立严格的授权批准制度，明确授权批准方式、程序和相关控制措施，规定审批人的权限、责任以及经办人的职责范围和工作要求，并对融资方案进行严格审批，重点关注融资用途的可行性和相应的偿债能力。

（2）融资决策控制。企业应当根据融资目标和规划，结合年度全面预算，拟订融资方案，明确融资用途、规模、结构和方式等相关内容，对融资成本和潜在风险做出充分估计，并建立一套完善的风险预防机制和财务信息网络，及时地对财务风险进行预测和防范，制定适合企业实际情况的风险规避方案，通过合理的融资结构来分散风险。同时，应当建立良好的融资执行和偿付控

制制度。

2. 融资内部控制的目标

单位应当加强对融资活动的会计控制，合理确定融资规模、融资结构，选择融资方式，降低资金成本，防范和控制财务风险，确保筹措资金的合理、有效使用。融资内部控制的目标如图 8－2 所示。

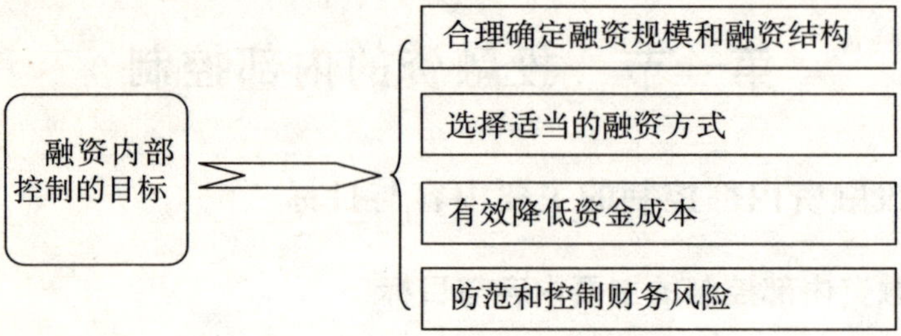

图 8－2 融资内部控制的目标

(1)合理确定融资规模和融资结构。根据企业需要融资，同时考虑资本结构，不能单纯追求规模，重点应放在规模效益的最大化和合理结构上。如企业可根据产品资金占用、流动性等特性，参考速动比率，寻求最佳融资规模。对于资金占用少、流通快的企业，就没有必要筹集大量资金使其闲置，而支付大量的资本成本。

(2)选择适当的融资方式。常用融资方式不外乎股东投资、内部融资、银行贷款、融资租赁等，应根据需要和生产经营的特点选择融资方式，可以考虑适当利用财务杠杆，这样既可以利用财务杠杆赚取企业利润，又可以降低自融资金的压力。同时，还考虑国家有关市场准入的限制。

(3)有效降低资金成本。任何经济行为都有成本，融资的成本主要是筹集费用、应付利息，以及机会成本等。资金成本越低，边际效益越大，抗风险能力也就越强。

(4)防范和控制财务风险。财务风险主要是资金到位风险、资金成本风险和资金断裂风险。为了控制这类风险，自融资金和借贷资金的比例应控制在1:1的范围。同时，加强规范投资行为，充分利用法律手段(经济合同)防范相关风险。

(二)投资内部控制的主要内容与目标

1. 投资内部控制的主要内容

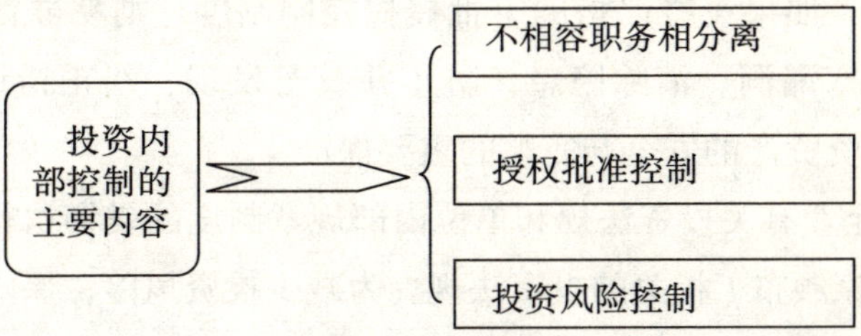

图 8－3　投资内部控制的主要内容

(1)不相容职务相分离。不相容职务相分离的核心是“内部牵制”，它要求每项经济业务都要经过两个或两个以上的部门或人员处理，使得单个人或部门的工作必须与其他人或部门的工作相一致或相联系，并受其监督和制约。相据不相容职务相分离的原则，每一项业务不能由一人经办，且钱、财、物应分开管理，并建立健全严格的凭证制度。

(2)授权批准控制。该方法要求投资决策的做出、投资合同的签订、投资资产的处置等必须履行严格的审批手续。单位任何人无权独立做出重大投资决策。任何未经授权批准的投资行为，无论该种行为是否造成经济损失，都应当受到调查和追究。经过授权的人员，必须在授权的范围内开展和执行业务，任何越权行为都必须受到追究。

(3)投资风险控制。该控制方法要求企业树立风险意识，针对风险的各个控制点，建立有效的风险管理系统，通过风险预警、风险识别、风险分析、风险报告等措施，对财务风险和经营风险进行全面防范和控制。

2. 投资内部控制的目标

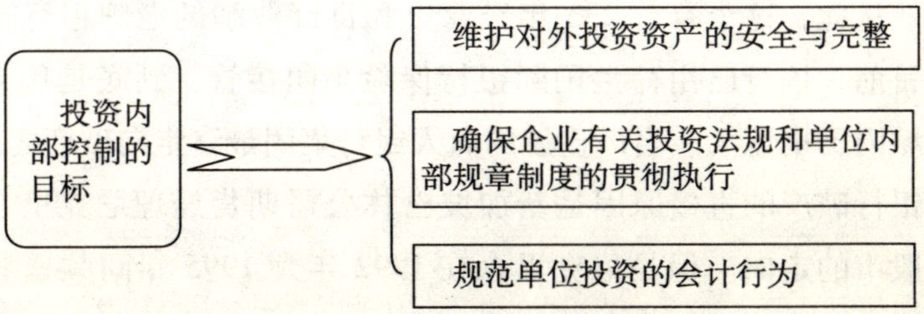

图 8－4　投资内部控制的目标

(1)建立对外投资活动的授权批准、职务分离制度，维护对外投资资产的安全与完整。对外投资内部控制制度要保证一切对外投资交易活动必须经过适当的审批程序、职务分离制度才能进行。投资资产中的有价证券，其流动性仅次于现金，如果没有严格的审批授权控制制度，则易被冒领、挪用或转移。因此，堵塞漏洞、消除隐患，防止并及时发现、纠正错误及舞弊行为，是维护对外投资资产的安全与完整的重要保证。

(2)确保企业有关投资法规和单位内部规章制度的贯彻执行。为规范企业投资行为，国家颁布了相关的投资法规。为减少投资风险，保障投资者的合法权益，企业在投资时的各种交易手续、程序，各种文件记录以及账面数据的反映和财务报告信息的披露等必须符合国家的投资法规，以保护其自身的利益。

(3)规范单位投资的会计行为，保证对外投资资产、收益在会计报表中合理地反映与揭示。无论现实的、潜在的投资者、债权人还是政府，必然会关心报表所反映的资产、收益数据的真实性、可靠性，企业要使利益相关人和审计人员对其提供的财务信息感到可信，就必须对对外投资的计价和反映进行有的地控制，对取得的投资收益予以合理的揭示，防止计价方法的不恰当运用和其他原因导致报表错误。

二、建立严格的投融资财务流程与内控制度

巴林银行集团素以发展稳健、信誉良好而驰名，该行成立于 1762 年，由一个小小的家族银行，逐步发展成为一个业务全面的银行集团。巴林银行的业务专长是企业融资的投资管理，业务网络点主要在亚洲及拉非美新兴国家和地区，在中国上海也设有办事处。

到 1993 年底，巴林银行的全部资产总额为 59 亿英镑，1994 年税前利润高达 1.5 亿美元。1995 年 2 月 26 日，巴林银行因遭受巨额损失，无力继续经营而破产。从此，这个有着 233 年经营史和良好业绩的老牌银行在全球金融界消失。目前，该行已由荷兰国际银行保险集团接管。到底是什么原因导致这所伦敦城内历史悠久、名声显赫的商人银行集团最终走向破产之路呢?

巴林银行破产的直接原因是新加坡巴林公司期货经理尼克里森错误地判断了日本股市的走向。但是尼克里森在 1992 年到 1995 年间频繁利用被忽略的错误账户进行违规衍生金融产品的交易，造成了巨额亏损。巴林银行之所

以倒闭，从表面上看是因为里森个人的越权行为及金融衍生品交易的巨大风险所导致，而实际上这反映出现代银行内部管理和内部控制体制的缺陷，其主要存在岗位划分不清、内部控制没有被严格执行、管理层对内部控制重视不够等问题。巴林银行的管理层在许多方面都存在失职现象，外部审计师和监管者也承担了不可推卸的责任。巴林银行的案例带给我们很多内部控制管理的启示和警醒。

（一）内部控制可能存在的问题

（1）文字描述的较多，清晰的流程图和配套表单较少，缺乏完善的流程保障。一套完整的制度应包括文字性制度文件、工作流程图和流程说明、相关凭证和表单等三部分内容。工作流程图作为制度体系的重要组成部分，可以直观、清晰地了解业务程序、涉及部门和人员、以及相关责任和配套制度。在流程图的绘制过程中，能及时发现内部控制中的风险点和不足，从而达到改进和控制的目的。

（2）"救火式"的较多，缺乏系统性和完整性。企业运营过程中某个环节出现了问题，就相应地出台一个制度来规范。这样做，无论在内容和形式上，都缺乏统一性、系统性和完整性，对可能发生的风险考虑不足。

（3）制度规章较多，且相互矛盾。比如非生产性固定资产管理，没有严格施行统一归口的原则，总裁办公室、信息管理部、运营管理部、投资项目部都有管理权，而申报、审批流程、使用控制及日常管理又都不一样，存在重叠或矛盾现象，导致管理上失控。

（4）制度执行不利，是目前企业普遍存在的现象。其原因大致有三：一是制度本身脱离实际情况，随着企业形式的变化，制度没有适时跟进、修改和完善，从而使制度失去可操作性；二是缺乏保证制度执行的机制，内控制度执行情况没有严格的监督、检查以及奖罚措施，使制度丧失了严肃性；三是企业核心领导人可能带头违反和破坏制度，而这种现象又得不到有效制约，使制度最终流于形式。

（5）风险控制与效率关系处理不当。企业实施严格的内部控制无疑是需要成本的，并且在一定程度上会影响到运行效率。一个是企业存亡问题，另一个是企业发展速度问题，两者都得兼顾。在管理咨询中也常常会遇到这样的情形，对企业原有流程、利益格局打破和调整的同时，也会带来部分效率的牺牲，如果处理不好，管理者在执行过程中就经常处于一种矛盾的心态，使得真正好的管理理念无法以制度形式固化下来。

(二)财务工作相关内控制度解决的思路和方案

1. 会计系统控制

建立规范的会计人员岗位责任制和会计监督制度；统一会计政策、会计核算程序与方法，保证汇总分析和考核的同一口径，真实反映企业财务状况和经营成果。

2. 财务人员管理办法

制定统一的财务人员管理办法，包括财务招聘、任免、绩效考核、培训，财务岗位职责，以及委派负责人的管理等。

3. 定期轮岗工作制

定期轮岗工作制，通过定期或不定期的工作岗位轮换，及时发现和解决存在的问题。

4. 不相容职务相分离

包括授权批准与执行业务；业务经办与审核监督；业务经办与会计记录；财产保管与会计记录；业务经办与财产保管职务相分离。

5. 授权批准控制

授权批准按其形式可分为一般授权和特殊授权，完整的授权批准体系应包括以下内容：

(1)授权范围，哪些经营活动应纳入其范围；

(2)授权层次，根据重要性原则确定不同的授权批准层次；

(3)授权责任，被授权人在行使职权时应明确权力、义务和责任；

(4)授权流程，授权行使时的操作程序。

6. 全面预算控制

全面预算通过计划、组织、控制和协调人、才、物等各项资源，编制经营、资本、财务等年度收支总体计划，落实经营战略和绩效考核体系，建立激励与约束相结合的经营保障体系，是企业内部控制的重要方法。主要应抓好以下环节：预算项目、标准和程序的预算体系；预算编制和核定；预算指标下达及相关责任的落实；预算执行的授权；预算差异的分析与调整；预算执行过程的监控和考核。

7. 财产保全控制

(1)限制直接接触，只有经过授权批准人员才能够直接接触，如现金和其他易变现资产。

(2)建立定期盘点制度，对出现的盘盈、盘亏应分析和查明原因，落实责任人。

(3)记录保护，如资产、财务、会计等由计算机处理的重要资料，应妥善保管，避免记录受损、被盗和毁损。

(4)财产保险，对容易受损(如火灾、盗窃和责任等)的资产进行投保。

(5)做好财产记录和档案管理，保证账、实一致。

8. 风险评估控制

对重要的风险控制点，建立有效的风险评估系统，进行预防性控制。包括以下内容：

(1)融资风险评估，如融资结构、规模、期限、偿还计划、融资成本估算等。

(2)投资风险评估，如投资的可行性和不可行性研究，以及投资过程中可能出现的风险控制预案。

(3)信用风险评估，如确定信用标准和审批程序，以及实施活动的跟踪管理。

(4)合同风险评估，建立合同评审制度和合同违约的应对措施管理。

9. 内部报告控制

建立内部管理报告体系，全面反映经济活动，及时提供业务活动中的重要信息。一般有资金分析报告、经营财务活动分析、资产使用状况分析、投资效益分析等。

10. 管理信息系统控制

信息化实现了财务与业务数据的共享，达到了财务与产、供、销三个系统的集成，作为核心的财务管理信息系统控制，一方面应对电子信息系统本身的控制，如系统组织和管理控制、系统开发和维护以及日常应用的控制。另一方面，要运用电子信息技术手段建立控制系统，减少和消除内部人为控制的影响，确保内部控制的有效实施。

11. 内部审计控制

内部审计是内部控制的一种重要形式，实质上是对内部控制的再控制。内部审计按其目的可分为财务、经营和管理审计；按照其内容可分为人力资本、经济责任、专项经济事项、预算执行审计等。

第二节 投融资的风险管理

一、企业的投融资活动与财务战略

财务战略，是指为谋求企业资金均衡有效的流动和实现企业整体战略，为增强企业财务竞争优势，在分析企业内外环境因素对资金流动影响的基础上，对企业资金流动进行全局性、长期性与创造性的谋划，并确保其执行的过程。财务战略关注的焦点是企业资金流动，这是财务战略不同于其他各种战略的质的规定性；企业财务战略应基于企业内外环境对资金流动的影响，这是财务战略环境分析的特征所在；企业财务战略的目标是确保企业资金均衡有效流动而最终实现企业总体战略；企业财务战略应具备战略的主要一般特征，即应注重全局性、长期性和创造性。

从资产负债表看企业的投融资，投资活动形成资产负债表的左边，如固定资产、无形资产等；融资活动形成资产负债表的右边，如长期借款、应付债券等。从根本上说，企业投融资就是企业的财务行为，是为企业的财务战略服务的。投融资活动与财务战略间的关系如图 8－5 所示。

随着我国社会主义市场经济的不断发展壮大，战略财务管理日益成为控制企业生产经营活动、确保企业长远稳定发展的有效手段。财务战略包括投资战略、融资战略和财务管理，因此，企业的投融资活动必须从财务战略入手，满足企业财务战略的需求。

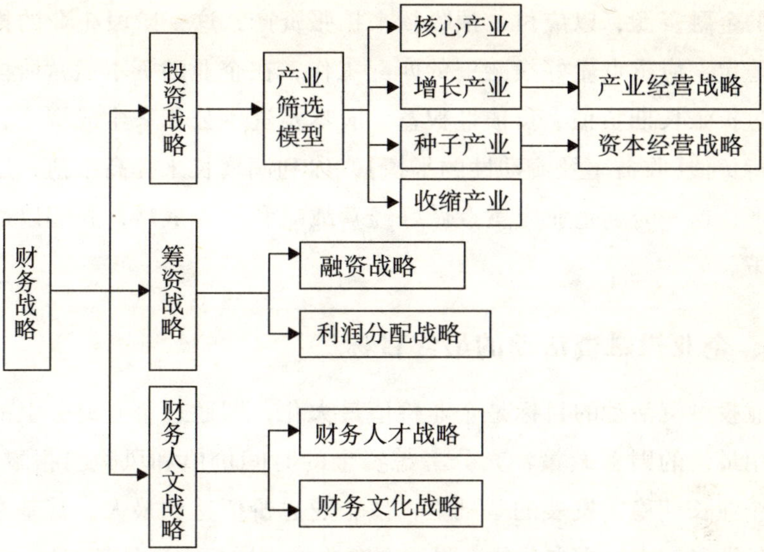

图8-5　企业的财务战略图

二、企业的投融资活动与成长模式

企业的投融资活动与成长模式如图8-6所示。

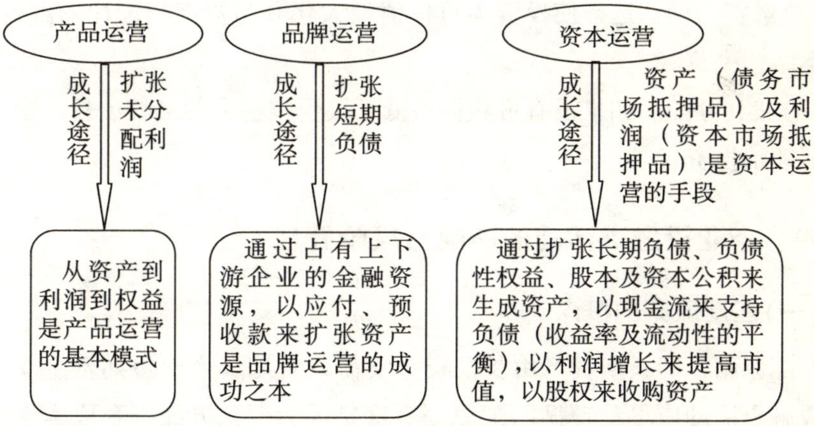

图8-6　企业的投融资活动与成长模式

从图8-6可以看出：在企业的产品运营阶段，企业的基本模式为从资产到利润到权益，这一阶段企业进入某一前景较好的投资领域，并筹集大量的资金来提供快速成长所需；在企业的品牌运营阶段，企业主要通过占有上下游企业的金融资源，以应付、预收款来扩张资产，这一阶段企业的投资情况已较为稳定，应重点做好投融资的匹配工作；在企业的资本运营阶段，企业主要通过扩张长期负债、负债性权益、股本及资本公积来生成资产，以现金流来支持负债(收益率及流动性的平衡)，以利润增长来提高市值，以股权来收购资产，这一时期企业应重点做好经营战略和财务战略，并配以适当的投融资决策。

三、企业投融资活动的最终目标

企业投融资活动的目标是企业价值最大化，即通过企业财务上的合理经营，采用最优的财务政策，充分考虑资金的时间价值和风险与报酬的关系，在保证企业长期稳定发展的基础上，使企业总价值达到最大。其基本思想是将企业长期稳定发展摆在首位，强调在企业价值增长中满足各方的利益关系。

企业投融资活动的主要目标是满足企业价值的创造，其评估决策方法如下：

(1)投资活动。投资于超过最低可接受收益率的项目，如项目风险与收益、资本预算等。

(2)融资活动。选择使投资项目价值最大化并与资产相配比的融资组合，如资本结构决策。

(3)股利分配。如果没有可获得最低可接受收益率的足够项目，则考虑将盈利返还给投资者。

四、企业投融资活动的匹配与风险管理

(一)匹配原则的概念

匹配原则，即长期资产由长期资金支持，短期资产由短期资金支持。企业的投融资活动应尽量遵循匹配原则。这是因为，一方面资金成本会发生变化，即利率不是固定不变的；另一方面，资金的可持续性并不保险，所以，通常不匹配的财务战略风险较大。

严格意义上的匹配原则还指用短期融资支持季节性资金需求，长期资本支持长期性营运资本需求。匹配原则与营运资本的需求如图 8 -7 所示。

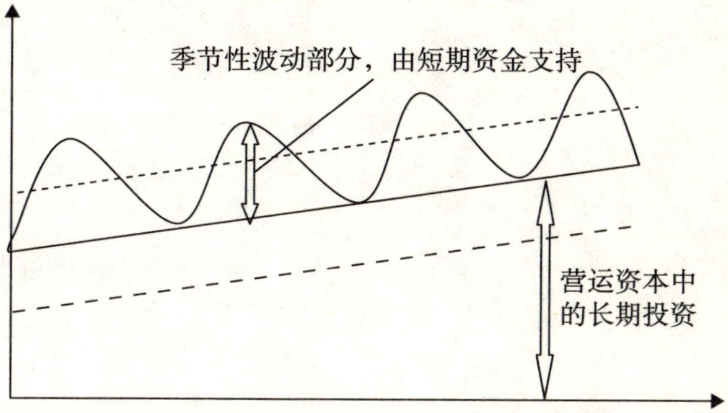

图 8 -7　匹配原则与营运资本的需求关系

(二)企业筹资策略中的平衡

(1)短期融资。成本低，但是恶化企业的偿债能力指标，即风险大。

(2)长期融资。成本高，但是不会恶化偿债能力指标，即风险较小。

(3)成本最低、期限最短的融资方式。通过上下游企业之间应付、预收方式形成的无息占款，成本虽低，但是偿债指标恶化，只能应付短期性资产配置，例如存货、短期应收款，无法满足长期性资产配置的特点。

(三)投融资活动与营运资本的匹配原则

1. 高风险的融资策略

尽可能采取短期性融资来源满足长期性资产配置，风险高、盈利能力强。

2. 保守型的融资策略

尽可能采取长期性融资来源满足短期性的资产配置，虽然成本高、盈利弱，但是风险很小。

3. 平衡性的融资策略

用短期性融资来源满足短期性资产配置，长期性融资来源满足长期性资产配置。